Schöne Palmen

Dieter Kämpfer

Schöne Palmen

für Zimmer und Wintergarten

2., verbesserte Auflage
56 Farbfotos
12 Zeichnungen

E.U.
VERLAG
EUGEN
ULMER

Titelfoto:
Washingtonia filifera ist eine der attraktivsten Fächerpalmen

Seite 2:
Acoelorrhaphe wrightii, syn. *Paurotis wrightii,* eine horstbildende Art mit gefächerten Blättern

Die Deutsche Bibliothek – CIP-Einheitsaufnahme

Kämpfer, Dieter:
Schöne Palmen für Zimmer und Wintergarten / Dieter Kämpfer. –
2., verb. Aufl. – Stuttgart : Ulmer, 1999
ISBN 3-8001-6658-8

Wollgrasweg 41, 70599 Stuttgart (Hohenheim)
Printed in Germany
Lektorat: Dr. Angelika Eckhard
Herstellung: Heide Siegemund
Einbandgestaltung: Alfred Krugmann
Zeichnungen: Jürgen Scholz
Satz: Typomedia Satztechnik GmbH, Ostfildern
Druck und Bindung: Passavia Druckerei GmbH, Passau

Vorwort

Jeder, der Palmen in ihrer natürlichen Umwelt erlebt oder als große Schaupflanzen gesehen hat, ist fasziniert von ihrer fremdartigen Schönheit. Palmen sind wohl die majestätischsten Vertreter des Pflanzenreichs und unterscheiden sich besonders auffällig durch den Bau ihrer Stämme und Blätter von anderen höheren Pflanzen.

Wer sich zum ersten Mal mit der Anzucht und Kultivierung von Palmen beschäftigt, findet in dem vorliegenden Buch alle Antworten zu den wichtigsten Fragen der Palmenanzucht, -pflege und Gesunderhaltung. Dem Anfänger wird es deshalb ohne Schwierigkeiten gelingen, seine Pflanzen selbst heranzuziehen und artgerecht zu kultivieren. Sollten ihm dennoch Behandlungsfehler unterlaufen, wird das Kapitel »Erkrankungen durch Pflegefehler« die Diagnose erleichtern.

Das Buch wendet sich aber nicht nur an den Anfänger, sondern auch an den erfahrenen Kultivator sowie an jene Pflanzenfreunde, die mit Palmen lediglich dekorieren möchten.

Natürlich möchte jeder Palmenliebhaber schon vor dem Kauf einer Jungpflanze bzw. vor der Aussaat des Samens wissen, wie seine Pflanzen nach einigen Jahren erfolgreicher Kultivierung aussehen. Da aber Palmen erst mit vollständig ausgebildeten Blättern ihre Schönheit und spezifischen Besonderheiten zeigen, wurden für die Abbildungen überwiegend solche Pflanzen ausgewählt, die schon ihren typischen Habitus erkennen lassen.

Im mitteleuropäischen Klima ist es immer von Bedeutung, den richtigen Zeitpunkt für den Beginn und die Beendigung des Sommeraufenthaltes der Topf- bzw. Kübelpflanzen zu bestimmen, um Anpassungs- oder Frostschäden zu vermeiden. Dieser Problematik wurde deshalb ein gesondertes Kapitel gewidmet, welchem jahrzehntelange Erfahrungen des Autors zugrundeliegen. Dank wissenschaftlicher Erkenntnisse über die Kälteempfindlichkeit einiger Palmenarten ist die Entscheidungsfindung in dieser Frage heute sehr erleichtert, und wer Mut zum Experimentieren hat, wird im Kapitel »Gestalten mit Palmen und Begleitpflanzen« zusätzliche Anregungen finden, seinem Hausgarten einen Hauch Exotik zu verleihen.

Abschließend noch ein Wort zur rückläufigen Tendenz der Palmenbestandsdichte auf der Erde. Eine palmenüberwucherte Insel mag den Eindruck erwecken, als ob hier ökologisch alles in Ordnung sei. Die Idylle währt aber nur so lange, wie der Mensch nicht gewaltsam in die natürliche Harmonie eingreift. Die Abholzung z.B. einer endemisch wachsenden Art kann bedeuten, daß sie für alle Zeiten von unserem Erdball verschwindet. Gerade endemische Palmenarten sind aufgrund ihrer Einmaligkeit potentiell gefährdet und bedürfen deshalb künftig eines weltweiten Schutzes. Allein in den Jahren 1990 und 91 wurde tropischer Regenwald auf einer Gesamtfläche vernichtet, die größer ist als das Territorium Deutschlands. Dadurch verschwanden Biotope, deren innere Gesetzmäßigkeiten nie mehr erforscht werden können.

Auch der zunehmende Massentourismus kann zu einer potentiellen Gefahr für das ökologische Gleichgewicht werden, wenn er nicht rechtzeitig durch wirksame Regelmechanismen gesteuert wird. Gegenwärtig geht die Dichte wildwachsender Palmenarten durch den Einfluß des Menschen weltweit zurück. Diese

Die kanarische Phoenixpalme *Phoenix canariensis* am heimatlichen Standort

alarmierenden Zeichen sollten wir als Aufforderung betrachten, uns konsequent für eine Erhöhung des Umweltbewußtseins und Naturschutzes einzusetzen. Palmenfreunden wird es ein Bedürfnis sein, sich so zu verhalten, als ob Palmen bereits zu den geschützten Pflanzen gehören, damit sie von den Generationen nach uns nicht nur in botanischen Gärten bewundert werden können.

An dieser Stelle möchte ich meiner Frau sowie all jenen Freunden danken, die mich während der Entstehungsgeschichte des Buches bei der Überwindung vielfacher Schwierigkeiten bis zur Fertigstellung des Manuskriptes in selbstloser Weise ermutigt und unterstützt haben.

Mein Dank gilt in gleicher Weise dem Verlag Eugen Ulmer für die Herausgabe des Buches sowie den Mitarbeiterinnen und Mitarbeitern für die herzliche Zusammenarbeit.

Dr. habil. Dieter Kämpfer
Ilmenau, im Herbst 1998

Inhaltsverzeichnis

Kübelpflanzengarten mit *Plumbago auriculata* (blaublühend), *Chamaerops humilis* (vorn), *Washingtonia* (Schwimmbadmitte), *Yucca elephantibes* (rechts)

Palmen – Pflanzen der Superlative

Seit jeher haben Palmen auf Menschen einen besonderen Reiz ausgeübt. Schon vor Jahrtausenden wurden sie bewundert und verehrt, nicht zuletzt wegen der Vielfalt ihrer Nutzungsmöglichkeiten. Schon die Assyrer lernten lange vor unserer Zeitrechnung, weibliche Dattelpalmen zu bestäuben, um den Fruchtansatz zu erhöhen.

Diese Zweihäusigkeit vieler Gattungen führte besonders bei den völlig im Einklang mit der Natur lebenden Völkern zu einer religiösen Vermenschlichung der Palmen, die sich teilweise bis in die heutige Zeit erhalten hat.

Im antiken Griechenland war die Palme Sinnbild des Ruhmes und Sieges, und der Palmenzweig (Blatt der *Phoenix*-Palme) gilt bis in unsere Zeit nicht nur für Christen als Symbol des Friedens. Zu Ehren seines Einzuges in Jerusalem am Palmsonntag wurden seinerzeit J. Christus Palmenblätter auf den Weg gestreut. Noch heute werden Palmenblätter bzw. -blütenstände für religiöse Zeremonien und zur Dekoration in Kirchen verwendet.

Seereisende Botaniker des 17. und 18. Jahrhunderts bezeichneten Palmen als die »nützlichsten Bäume der Welt«. Der schwedische Naturforscher Linné (1707–1778) nannte sie bezugnehmend auf ihre Eleganz »Fürsten des Pflanzenreiches«. Sie heben sich von allen übrigen Pflanzen in ihrem Habitus, ihren charakteristisch geformten Blättern und im Aufbau ihrer Stämme auffällig ab und weisen wie keine andere Pflanzenfamilie einen hoch differenzierten Formenreichtum auf. Einige Arten haben es sogar zu interessanten botanischen Superlativen gebracht, von denen nachfolgend kurz berichtet wird.

Botanische Superlative

1. Den **höchsten Stamm** aller Palmenarten entwickelt *Ceroxylon quindiuense*, eine an der Stammoberfläche Wachs abscheidende Fiederpalme. Ihr bevorzugter Lebensraum ist die Nebelwaldregion der kolumbianischen Anden, wo sie bis in Höhen von mehr als 3000 m hinaufsteigt und Stammhöhen von 60 m bei nur 40 cm Stammdurchmesser erreicht. Der Mechanismus der Wasserversorgung bei derartigen Wuchshöhen ist bis heute ein physikalisches Rätsel.

2. Die **längsten Palmen** zählen zur Gattung *Calamus* (auch Rotang genannt), die wegen ihrer hakenförmigen Klammerorgane zum Lianentyp gehören. *Calamus*-Arten bilden keinen säulenförmigen Stamm, sondern zähe, meist nur wenige cm Durchmesser erreichende Sproßachsen aus, an denen die gefiederten Blätter verstreut angeordnet sind. Auf dem Weg zum Licht klettern sie an den Urwaldriesen empor und können Längen von mehr als 200 m erreichen.

3. In der **Schnellwüchsigkeit** halten *Calamus*-Arten den Rekord. Sogar als Jungpflanzen überflügeln sie im Wachstumstempo enorm das der stammbildenden Arten. Da aus den Sprossen das sogenannte spanische Rohr für die Korbmöbelindustrie hergestellt wird, sinkt die Häufigkeit der *Calamus*-Vorkommen infolge übermäßiger ökonomischer Nutzung.

4. Die **artenreichste Gattung** unter den Palmen ist *Calamus*. Bis zur Gegenwart sind 340 Spezies unterschieden worden, deren natürliche Verbreitung zwischen

Vielstämmiger Horst von *Rhapis humilis,* Seite 8

dem 30. Grad nördlicher und südlicher Breite der Erde liegt. Die größte Artenhäufung findet man in der Umgebung von Neuguinea, Singapur und den Sundainseln.

5. Die **Langsamwüchsigste** aller Palmen ist wohl *Jubaea chilensis*, die Honigpalme. Sie ist die einzige Art der Gattung. Ihr natürliches Verbreitungsgebiet ist relativ eng begrenzt. Man findet sie noch vereinzelt in Küstenregionen des Pazifiks zwischen dem 30. und 35. Grad südlicher Breite.

6. Die **kleinste stammbildende Palme** ist *Reinhardtia gracilis*, var. *gracilior*, eine unregelmäßig gefächerte Art, die in Südmexiko, Honduras und Guatemala beheimatet ist. Die Stammhöhe bleibt unter 1 m, der Durchmesser des Stammes erreicht nur 4–7 mm. Ebenso zierlich bleibt die aus Mexico stammende *Chamaedorea metallica*, deren Blätter maximal 25 cm lang werden.

Cocos nucifera **mit Früchten, den »Kokosnüssen«**

7. Die **langlebigste Art** ist *Lodoicea maldivica*, eine auf den Seychellen beheimatete Fächerpalme. Ihr erreichbares Alter wird auf mehr als 800 Jahre geschätzt. Demgegenüber bleibt der Stamm mit 30 m Höhe relativ niedrig. Im Alter von 30 Jahren beginnen die Bäume zu blühen. Sechs bis sieben Jahre sind bis zur Fruchtreife erforderlich. Der Weltbestand an diesen Bäumen beträgt nur noch einige Tausend.

8. Die **größten** im Pflanzenreich bekannten **Einzelfrüchte** liefert die Seychellennuß-Palme *Lodoicea maldivica*. Die bis zu 60 cm langen Früchte können ein Gewicht von 25 kg erreichen.

9. Die **kälteunempfindlichsten Palmenarten** sind *Trachycarpus fortunei* und *Serenoa repens*. Sie vertragen Temperaturen unter −10 °C und sind widerstandsfähiger als die in Europa beheimatete Zwergpalme *Chamaerops humilis*.

10. Die **größten Blätter** aller Palmen entwickelt die auf Madagaskar beheimatete Bastpalme *Raphia farinifera*. Die Blätter sind wahre Monstren. Sie erreichen 20 m Länge und die Fiedern werden bis zu 2 m lang. Die Palme fruchtet nur einmal in ihrem Leben. Etwa im 16. Jahr erscheint der Blütenstand, aus dem sich ein sehr schweres Fruchtbündel entwickelt. Alle Teile dieser Pflanze haben für die Bewohner hohe ökonomische Bedeutung. Das wertvollste Produkt ist aber der aus den noch nicht entfalteten Blättern gewonnene *Raphia*-Bast.

11. Den **größten Blütenstand** im gesamten Pflanzenreich bringt die Gattung *Corypha* hervor. Berichten Einheimischer zufolge entwickelt sich die Infloreszenz bei 50 bis 70 Jahre alten Bäumen. Der mächtige Blütenschaft erhebt sich aus der Mitte des Blattschopfes senkrecht in die Höhe und trägt an seinen vielen Verzweigungen schätzungsweise 100 Millionen Blüten. Der Blütenschaft erreicht bis zu 10 m Länge. In diesem Stadium bietet die

Palme einen einmaligen Anblick. Bereits während der Fruchtreife beginnt die Pflanze abzusterben. Nach der Fruchtbildung ist ihre Lebensaufgabe erfüllt.

Die Gattung *Corypha* gehört schon seit Beginn unseres Jahrhunderts zu den seltenen Palmen. Ihre Verbreitung reicht vom tropischen Asien bis Nordaustralien.

12. Die **hitzeverträglichste Art** ist die echte Dattelpalme *Phoenix dactylifera*. Im arabischen Sprachraum sagt man, daß sie mit den Füßen im Wasser und mit dem Kopf im Feuer stehen möchte, d. h. sie ist an volle Wüstensonne angepaßt, benötigt aber viel Wasser. Die Dattelpalme als Zierpflanze bereitet beim Übergang vom Winter- zum Sommerquartier im Freien die geringsten Anpassungsprobleme.

13. Die **am meisten kultivierten Arten** sind Dattel- und Kokospalmen, die als Lieferanten von Grundnahrungsmitteln anzusehen sind. Im Jahre 1989 wurde die Zahl der Dattelpalmen weltweit auf 100 Millionen geschätzt, die einen Fruchtertrag von 1,8 Millionen Tonnen erbrachten.

14. **Bestachelte Palmen** sind eher die **Ausnahme**. Einige Gattungen bilden an den Blattstielen sägezahnähnliche Dornen aus, z. B. *Washingtonia* und andeutungsweise auch *Trachycarpus*. Die europäische Zwergpalme *Chamaerops humilis* entwickelt spitze, nadelähnliche Stacheln an den Blattstielrändern, die 2 cm lang werden können. Manche *Phoenix*-Arten haben die Eigenschaft, die untersten, kürzeren Blattfiedern zu verdornen. Diese übernehmen die Funktion einer wirksamen Bewehrung.

Eine der stachligsten Gattungen ist *Aiphanes*. Bei der Art *Aiphanes caryotifolia*, einer attraktiven Erscheinung mit fischschwanzähnlichen Fiederblättern, sind alle Pflanzenteile mit spitzen, schwarzen Nadeln bewehrt. Die an den Stämmen ringartig angeordneten Nadeln erreichen über 10 cm Länge. Andere bewehrte Gattungen sind z. B. *Acanthococos, Acrocomia, Astrocarium, Bactris* und *Desmoncus*.

Stamm von *Acrocomia mexicana*, dessen anhaftende Blattbasen mit 6 cm langen, harten Nadeln besetzt sind

15. Die **Eigentümlichsten aller Palmen** sind jene mit flaschen- bzw. faßförmigen Stämmen. Die Flaschenpalme *Hyophorbe amaricaulis* beispielsweise hat einen faßförmigen Stamm, der an seinem oberen, flaschenähnlichen Ende einen Schopf von nur 5–7, eng gefiederten, gebogenen Blättern trägt. Der Stamm erreicht bei etwa 60 cm Durchmesser kaum 2 m Höhe.

Eine ebenfalls sehr merkwürdige Erscheinung ist *Colpothrinax wrightii*, die gefächerte Faßpalme. Ihr Stamm ist bei älteren Exemplaren in der Mitte bauchartig geschwollen. Ober- und unterhalb dieser Schwellung verläuft er zylindrisch, bei 15 m erreichbarer Höhe. Der Grund für diese absonderliche Anschwellung ist bis heute unbekannt.

16. Es gibt keine andere Pflanzenfamilie, die ein annähernd so hohes **Nutzungs-**

Flaschenpalmen, hier *Hyophorbe lagenicaulis*, sind sonderbare Erscheinungen

spektrum aufweist wie die Familie der Arecaceen. Palmen gehören deshalb für die Bewohner der Tropen zu den wichtigsten Pflanzen. In Indien sagt man z. B. der Palmyrapalme *(Borassus flabellifer)* 801 Nutzungsmöglichkeiten nach, d. h. fast so viele wie der Kokospalme, deren Nutzen 999fach sein soll. Es ist an dieser Stelle unmöglich, die gesamte Vielfalt der Verwendbarkeit von Palmen und ihrer Früchte aufzuzählen. Nachfolgend sollen nur einige Beispiele genannt werden.

Wirtschaftliche Nutzung

Verwendung als Baumaterial

Bereits Aristoteles rühmte das Palmenholz wegen seiner Zähigkeit. Es wird bis heute zum Hütten- und Hausbau verwendet. Dazu dienen vorzugsweise Stämme wie Blätter großwüchsiger Arten, z. B. von Kokospalmen *(Cocos nucifera)*, Faßpalmen *(Colpothrinax)*, Dattelpalmen *(Phoenix)*, Dumpalmen *(Hyphaene)*, Karnaubapalmen *(Copernicia)*, Palmyrapalmen *(Borassus)* und anderen. Die großen Blätter von Fiederpalmen dienen auch als Dachdeckungsmaterial. Auch Wasserleitungen und einfache Möbel lassen sich aus Palmenholz herstellen.

In einigen Verbreitungsgebieten werden von den Bewohnern ausgesuchte Pflanzenteile für ganz spezielle Zwecke genutzt, so z. B. die harten Nadeln von Stammoberflächen für kleine Werkzeuge und Pfeilspitzen. In Kuba dienen die langen Blattbasen der Königspalme zum Verpacken des Havanna-Tabaks zu Ballen.

Rotangpalmen *(Calamus)* werden wegen ihrer flexiblen Eigenschaften als Rohstoff für Befestigungselemente und Bindematerial genutzt. Das aus *Calamus* hergestellte Flechtwerk und Mobiliar kommt unter der Bezeichnung »Rattanmöbel« auf den Markt.

Herstellung von Haushalts- und Kunstgegenständen

Hausrat, wie Schalen, Krüge, Werkzeuge, Matten, Netze, Bürsten usw. wird aus dem Stammholz, den Früchten und Bastfasern geeigneter Palmenarten gefertigt. Flecht- und Bastmaterial liefernde sind z. B. die Bastpalmen der Gattung *Raphia*, die Fischschwanzpalmen *(Caryota)*, von denen die schwarzen Kittulfasern stammen, die Hanfpalmen *(Trachycarpus)*, Palmyrapalmen *(Borassus)*, *Phoenix*-Palmen und die Kokospalmen, deren zähe, filzige, die Kokosnuß umgebende Fruchthülle zu Kokosfasergarn (Coir) verarbeitet wird, sowie die Rotangpalmen *(Calamus)*.

Die natürliche Form der Stämme von Faßpalmen *(Colpothrinax)* und Flaschenpalmen *(Hyophorbe)* dienen als Vorratsbehälter, die Samenschalen von Kokospalmen als Trinkgefäße usw. Einige Palmenfrüchte bilden ein sehr hartes Nährgewebe, »vegetabilisches Elfenbein« genannt. Es läßt sich ähnlich wie Holz bearbeiten und färben. Aus ihnen werden kleinere Gebrauchs- und Kunstgegenstände hergestellt. Geeignete Früchte liefern die Steinnuß- oder Elfenbeinpalmen *(Phytelephas)*, deren Samen in nicht voll ausgereiftem Stadium gegessen werden, ferner manche Dumpalmenarten *(Hyphaene)* und die Sagopalmen *(Metroxylon)*, deren Früchte ca. 6 cm Durchmesser erreichen.

Öl und Fett liefernde Palmen

Die wichtigste Quelle für Fett und Eiweiß für die Bewohner der Tropen ist die Kokospalme, die bereits im Alter von 7 Jahren blüht. Das geraspelte, getrocknete Nährgewebe der Kokosnuß (Copra) enthält bis zu 70% Fett. Daraus wird das bekannte Palmin gewonnen.

Der wichtigste Öllieferant ist die afrikanische Ölpalme *(Elaeis guineesis)*. Das Palmöl wird sowohl aus dem Fruchtfleisch als auch aus den Samen gepreßt (Kernöl). Beide Öltypen sind wichtige Rohstoffe für die Margarine-, Genußmittel- und Kosmetikindustrie. Die Gattung *Orbignya* liefert ein Kernöl, was zur Seifenherstellung verwendet wird. Auch die Samen der Pfirsichpalme *(Bactris gasipaes)*, der Romanzoffianischen Kokospalme *(Arecastrum rom.)* und der *Acrocomia*-Arten enthalten genießbare Öle.

Zucker liefernde Palmen

Die Zuckerpalme *(Arenga pinnata)*, die Weinpalme *(Raphia vinifera)* sowie die Brennpalme *(Caryota urens)* sind Lieferanten eines zuckerhaltigen Saftes, der monatelang aus den Wunden der abgeschnittenen Blütenstände fließt. Aus dem eingedickten Saft wird Rohzucker gewonnen, durch Vergären des Saftes erhält man den Palmwein (Toddy). Ähnlich erfolgt die Saftgewinnung bei der Palmyrapalme *(Borassus flabellifer)*. Aus ihrem Saft stellt man Palmzucker (Jaggery), Palmwein oder durch Destillation Arrak her. Die übermäßige Nutzung der Honigpalme *(Jubaea chilensis)*, deren eingedickter Saft als »Palmhonig« in den Handel kam, führte zu der traurigen Bilanz, daß zum Schutz gegen das Aussterben des Baumes im Jahr 1971 ein totales Nutzungsverbot verhängt wurde.

Genußmittel und Getränke liefernde Palmen

Das wichtigste Genußmittel für die Bewohner Asiens, von Pakistan und Indien bis zu den Neuen Hebriden, sind die etwa 6 cm Länge erreichenden Früchte der Betelpalme *(Areca catechu)*. Die orangefarbenen Steinfrüchte enthalten einen Samen, der in Scheiben geschnitten, mit Kalk, Zimt und anderen Gewürzen zusammen in Blätter des Betelpfeffers eingewickelt und als »Betelbissen« gekaut wird. Die im Samen enthaltenen Alkaloide wirken narkotisch stimulierend und beschleunigen die Verdauung. Eine Nebenerscheinung des Betelgenusses ist die allmähliche Schwarzfärbung der Zähne.

Die Früchte von Kokos- und Dattelpalmen sind weniger als Genußmittel son-

Phoenix canariensis mit Früchten

dern als Grundnahrungsmittel anzusehen. Aus ihnen lassen sich vielfältige landestypische Delikatessen und Palmwein herstellen.

Früchte der Palmyrapalme *(Borassus flabellifer)* erreichen ein Gewicht von 2 kg bei einem Durchmesser von maximal 20 cm. Das reife, faserige Fruchtfleisch ist orangefarbig und duftet wie ein Gemisch aus Ananas, Melone und Quitte. Aus dem faserfreien Mark stellt man Mus und Limonade her. Das vergorene Nährgewebe der Samen ergibt ein eiweißhaltiges Nahrungsmittel.

Ebenfalls eßbar, z.T. auch Öl-liefernd, sind die Früchte der Hesperidenpalme *(Erythea edulis)*, der Romanzoffianischen Kokospalme *(Arecastrum romanzoffiannum)*, sämtlicher *Acrocomia*-Arten, der Pfirsichpalme *(Bactris gasipaes)*, der Dumpalme *(Hyphaene thebaica)*, die auch unter dem Namen Lebkuchenpalme bekannt ist, und der Assai-Palme *(Euterpe edulis)*. Die letzten drei genannten Arten werden gleichzeitig zur Getränkeherstellung genutzt.

Sago liefernde Palmen

Die Sagopalme *(Metroxylon sagu)* ist der ergiebigste Stärkelieferant unter den Palmen. Ähnlich wie die Gattung *Corypha* stirbt die Sagopalme nach der Fruchtbildung ab. Den Sago gewinnt man, indem der Stamm der Länge nach gespalten und ausgeschlämmt wird. Der getrocknete Sago kommt in Perlen gepreßt in den Handel.

Stärkemehl gewinnt man auch aus dem Stamm der Brennpalme *(Caryota urens)*, der Bastpalme *(Raphia farinifera)*, der Wachspalme *(Copernicia prunifera)* sowie der Schopfpalme *(Corypha utan)*, die einen rötlichen Sago liefert.

Palmenblätter als Gemüse

Die in Brasilien beheimatete Kohlpalme *(Euterpe oleracea)* ist eine Fiederpalme, deren junge Blätter, solange sie noch nicht entfaltet sind, roh als Salat gegessen werden. Auch die Arten *Copernicia prunifera* und die Königspalme *(Roystonea oleracea)* sind zur Palmkohlgewinnung geeignet.

Von der Betelpalme *(Areca catechu)* werden nicht nur die jungen Blätter, sondern auch die männlichen Blütenstände verzehrt. In Europa wird verschiedentlich Palmkohl in Büchsen konserviert angeboten.

Die Früchte der Palmyrapalmen *(Borassus flabellifer)* treiben während der Keimung eine starke Wurzel in den Boden, die von den Einheimischen gern gegessen wird.

Wachsliefernde Palmen

Es gibt eine ganze Reihe von Palmen, die Wachs produzieren, doch nur in einzelnen Fällen lohnt sich die Ernte. Das an den Blattoberflächen ausgeschwitzte Wachs dient den Pflanzen vor allem in Trockenperioden als Transpirationsschutz.

Die Carnaubapalme *(Copernicia prunifera)* ist in Nordostbrasilien beheimatet und liebt trockene Standorte. Das Carnaubawachs ist eines der wertvollsten Hartwachse. Pro Baum und Jahr werden ca. 200 g gewonnen. Es ist Ausgangsmaterial für verschiedene Produkte der chemischen und Kosmetikindustrie.

Die Wachspalme *(Ceroxylon alpinum)* scheidet an Stamm und Blattstielen eine bis zu 5 mm dicke Wachsschicht ab. Das Wachs ist wegen seines Harzgehaltes nicht so wertvoll wie das der *Copernicia*-Arten. Da alte Palmen Stammhöhen von mehr als 50 m erreichen, erfolgt die Wachsernte meist durch Fällen der Bäume. Von solchen Exemplaren können mehr als 10 kg Wachs geschält werden. Bedauerlicherweise geht durch derartigen Raubbau der Baumbestand rapide zurück.

Die auf Madagaskar vorkommende Bastpalme *(Raphia farinifera)* trägt wachsüberzogene Fiederblätter. Das Wachs wird für technische Zwecke verwendet, beispielsweise als Härtemittel.

Palmen für die Papierherstellung

Eine zur Herstellung von Papier geeignete Zellulose wurde in der Vergangenheit aus den Blättern von *Chamaerops humilis* gewonnen. In Vorderindien nutzte man hingegen die getrockneten, sehr leichten Blattstrahlen der Schopfpalme *(Corypha utan)* direkt als Schreibpapier. Infolge der Widerstandsfähigkeit dieses Materials gegenüber tropischen Einflüssen sind noch heute über 1000 Jahre alte Schriftdokumente gut erhalten und lesbar.

Die zarte Außenhaut der jungen Blätter der Nipapalme *(Nypa fruticans)* wird im malaiischen Raum als Zigarettenpapier verwendet.

Harzliefernde Palmen

Aus einigen Arten kletternder Palmen wird ein Harz gewonnen, das in der Lackindustrie und für andere Zwecke Verwendung findet. Durch Erhitzung der Früchte von *Daemonorops draco* gewinnt man das sogenannte »Indische Drachenblut«. Die Bezeichnung hat nichts zu tun mit dem echten Drachenblut, welches vom Drachenbaum *(Dracaena cinnabari)* stammt.

Die Gattung *Calamus* erzeugt zwischen den Fruchtschuppen dunkelrote Harztröpfchen, die abgeschüttelt oder durch industrielle Methoden gesammelt, geschmolzen und zu Stangen geformt als »Drachenblut« gehandelt werden.

Ein buschig wachsendes Exemplar der Europäischen Zwergpalme *(Chamaerops humilis)*

Natürliche Verbreitung der Palmen auf der Erde

Kälteempfindlichkeit von Palmen siehe Seite 61

Als sich vor etwa 150 Millionen Jahren die heutigen Kontinente aus einer bis dahin zusammenhängenden Landmasse zu bilden begannen, waren die Palmengewächse bereits entwickelt. Das Auseinanderdriften der Kontinente hatte zur Folge, daß sich in den folgenden Jahrmillionen die Palmengattungen und -arten auf den Kontinenten unterschiedlich weiterentwickelten. Man findet deshalb auf den heutigen Kontinenten und Inseln Gattungen bzw. Arten, die sich an teilweise ganz spezifische Umweltbedingungen angepaßt haben. Einige Spezies gedeihen z. B. im tiefen Schatten des Regenwaldes, andere in sumpfigen Gebieten. Wieder andere bevorzugen karge Böden und sonnige Standorte, doch nur wenige Gattungen sind an kühle Klimate angepaßt. Einige wenige Arten vertragen vorübergehend Frost.

Die natürliche Verbreitung von Palmen ist also (mit vereinzelten Ausnahmen) auf subtropische und tropische Gebiete der Erde beschränkt. Zusätzlich wird in tropischen Gebieten der Lebensraum von Palmen durch den Temperaturabfall bei steigender geographischer Höhenlage weiter eingeengt. Rechnet man überschlägig mit 1 °C Temperaturabfall je 100 m Höhendifferenz, sind Gebirgslagen von 3000 m Höhe eine physikalische Grenze für die tropische Palmenvegetation. Nur die Gattung *Ceroxylon* steigt weiter bis zur Frostgren-

Verteilung der Palmenhäufigkeit auf der Erde

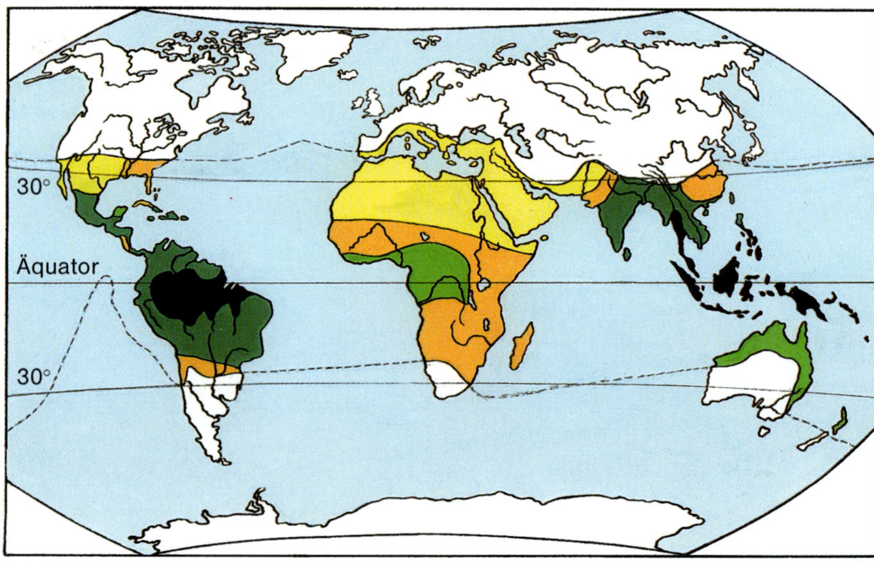

■ Größter Artenreichtum, größte Häufigkeit
■ Artenreichtum und Häufigkeit groß
■ Mittlere Häufigkeit
■ Geringe Häufigkeit
■ Wenige Arten, Häufigkeit am geringsten

– – – nördliche und südliche Verbreitungsgrenze

Fruchtende *Veitchia merrillii* mit auffällig hellgrünem Kronenschaft

ze hinauf. Bei ihr ist zum Schutz gegen die trockene Luft die gesamte Pflanze mit einem Wachsfilm überzogen.

Den größten Artenreichtum findet man in den Wäldern des Amazonasgebietes Brasiliens sowie im indomalaiischen Raum. Obwohl das äquatoriale Afrika sehr günstige ökologische Bedingungen bietet, sind der natürliche Palmenbestand und Artenreichtum erstaunlich gering. Auch die Inseln im Indischen Ozean zwischen der Ostküste Afrikas und Australiens weisen weniger Artenreichtum auf als man erwarten dürfte. Am ärmsten an Palmen sind die trocken-heißen Gebiete Afrikas, Arabiens und Australiens (s. Abb. S. 16).

Ein sichtbares Zeichen der erdgeschichtlich bedingten differenzierten Entwicklung der Gattungen bzw. Arten sind die auf verschiedenen Inseln endemisch vorkommenden Palmen. Hierzu einige Beispiele:
Kuba: *Thrinax, Coccothrinax* u. a.
Fidschi-Inseln, Sandwich-Inseln, Neue Hebriden: *Pritchardia*
Kreta: *Phoenix theophrastii*
Lord Howe Islands: *Howeia*
Samoa: *Clinostigma*
Seychellen: *Lodoicea maldivica*

Botanische Klassifizierung

Palmen gehören zur Pflanzenfamilie der Arecaceen, die in etwa 210 Gattungen und etwa 3000 Arten unterteilt wird. Genauere Zahlen sind schwer anzugeben, weil einerseits durch wissenschaftliche Erkenntnisse Korrekturen in der systematischen Einordnung erfolgen und andererseits auch in unseren Tagen immer noch neue, bisher unbekannte Arten entdeckt werden.

Die Abgrenzung der Gattungen und Arten gelingt in den meisten Fällen durch Feststellung der äußeren morphologischen Merkmale, wozu auch der Bau der Blüten und Früchte gehört. Bei Palmen ohne Blüten bzw. Früchte ist diese Aufgabe erschwert. Jungpflanzen ohne vollständig ausdifferenzierte Fieder- oder Fächerblätter lassen mitunter keine sichere Artbestimmung zu.

Zur Gattung *Trachycarpus* gehören 6 Arten. Im Bild *Trachycarpus wagnerianus* vor blühendem Hintergrund

Eine Palmengattung besteht in der Regel aus mehreren Arten, seltener aus nur einer Art. Palmen gehören zu einer Art (Spezies), wenn sie in ihren Hauptmerkmalen übereinstimmen. Die folgende Kurzübersicht soll diesen Sachverhalt am Beispiel der Gattung *Trachycarpus* verdeutlichen.

Familie (Arecaceae)

Gattung (Trachycarpus)

Arten (species)

Trachycarpus fortunei | Trachycarpus martianus | Trachycarpus wagnerianus

Doch auch innerhalb einer Art können verschiedene Varietäten (Abk: var.) und Formen (Abk: f.) auftreten, deren Namen im Anschluß an die Art angegeben werden, z. B. *Chamaerops humilis* var. *argentea* oder *Reinhardtia gracilis* var. *gracilior*.

Varietäten können in einem Gebiet gleichzeitig auftreten, wie dies bei *Chamaerops humilis* häufig zu beobachten ist. Unter »Form« werden diejenigen Pflanzen innerhalb einer Art zusammengefaßt, die meist nur in einem einzigen Merkmal von den Vergleichspflanzen differieren, z. B. in der Duftnote der Blüten, der intensiveren Blütenfarbe, durch steifere Blätter usw.

Morphologische Merkmale

Um Palmen zu identifizieren ist es notwendig, ihre Charakteristika zu bestimmen und sie mit denen bekannter Arten zu vergleichen. Das gelingt in vielen Fällen schon durch Betrachtung der äußeren Beschaffenheit der Pflanzenorgane (Morphologie), wenn man sich die erforderlichen Kenntnisse und Erfahrungen angeeignet hat. In schwierigen Fällen kann allerdings nur die Anatomie, also die Erforschung des inneren Pflanzenaufbaus, Klarheit über Verwandtschaftsbeziehungen zwischen verschiedenen Arten bringen, worauf in diesem Buch nicht weiter eingegangen wird.

Wuchsformen

Das äußere Erscheinungsbild einer Palme (Habitus) wird geprägt durch die Wirkung aller sichtbaren Einzelcharakteristika: durch die Dimension, Form und Farbe der Stämme, den Bau der Blattstiele und besonders durch die Blätter mit ihrem vielfältigen Formenreichtum. Auch die Blütenkolben (Spadix) von Palmen sowie die Früchte sind weitere typische Charakteristika. Ihr Erscheinen ist je nach Standort an einen jahreszeitlichen Rhythmus geknüpft. Palmen als Kübelpflanzen kommen jedoch selten zum Blühen.

Die Stämme der verschiedenen Palmenarten sind sehr formenreich. Es lassen sich folgende Grundtypen unterscheiden:

a) Solitärstämme
b) Mehrfachstämme, buschbildende Arten
c) kriechende und unterirdische Stämme
d) klimmende Stämme

Nach der Form der Blätter unterscheidet man:

a) fächerförmige (strahlenförmige)
b) fiederförmige

Blattgrundtypen sind auf Seite 24 dargestellt

Der Stamm

Die Entwicklung und der Aufbau des Palmenstammes unterscheidet sich grundlegend von denen der Laubbäume. Ein Palmenkeimling entwickelt zunächst eine Reihe von ungeteilten Blättern, die mit ihrem Blattgrund den sog. Vegetationskegel umschließen und den Durchmesser der Sproßachse vergrößern. Jedes weitere Blatt kräftigt die Achsbasis in Erdbodenhöhe, so daß nach einer Reihe von Jahren (bei *Cocos nucifera* etwa nach dem 5. Jahr) die Entwicklung des basalen Fundamentes abgeschlossen ist. Es hat im Längsschnitt etwa die Form einer durchgeschnittenen Zwiebel. Aus diesem Fundament heraus beginnt der Stamm mit seinem Blattschopf in die Höhe bzw. in die Länge zu wachsen, ohne an Dicke zuzunehmen (primäres Dickenwachstum). Diese Besonderheit des Stammwachstums findet sich bei allen Palmen. Gelegentliche Dickeschwankungen des Stammes sind Folgen variabler Umweltbedingungen. Die Leitbündel für den Transport des Wassers und der Assimilate sind im Gegensatz zu den Laubbäumen über den gesamten Stammquerschnitt verteilt. Am geringsten ist ihre Dichte in der äußeren Rinde.

Charakteristische Formen von Solitärstämmen siehe Seite 20

Solitärstämme

Hierzu rechnet man, unabhängig von ihrem Durchmesser, alle säulenförmigen Einzelstämme. Ihre Form und Größe vari-

Mehrfachstämme und buschbildende Arten sind auf Seite 22 abgebildet

Charakteristische Stammformen
a: Schwach geringelter, glatter Stamm, ungleichmäßig dick (z. B. *Roystonea*)
b: Rauh, schwach und ungleichmäßig geringt (z. B. *Arecastrum*)
c: Glatt, äquidistant und hell geringt (z. B. *Chrysalidocarpus*)
d: Stamm ringförmig genarbt und bestachelt (z. B. *Acrocomia*)
e: Massiver Stamm mit anhaftenden Blattbasen, mit Bast umhüllt (z. B. *Phoenix canariensis*)
f: Stufenartig gegliederter Stamm durch die früheren, umgreifenden Ansatzstellen der Blattstiele (z. B. *Caryota urens*)
g: Dünner Stamm, Blattbasen eingehüllt in Bastgewebe (z. B. *Rhapis*)
h: Flaschenförmiger Stamm mit Ringfurchen, den Ansatzstellen der abgefallenen Blätter *(Hyophorbe amaricaulis)*

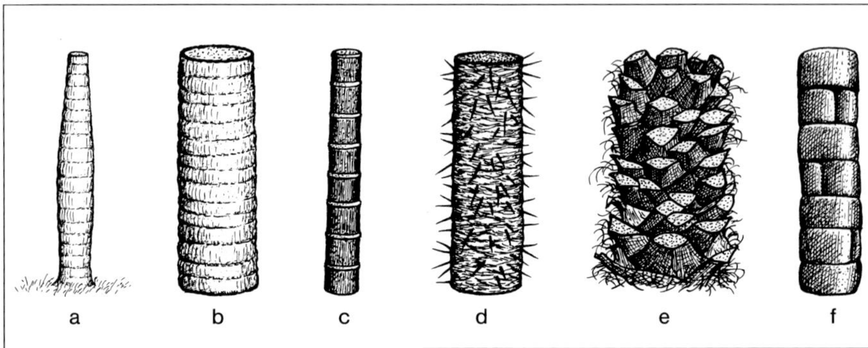

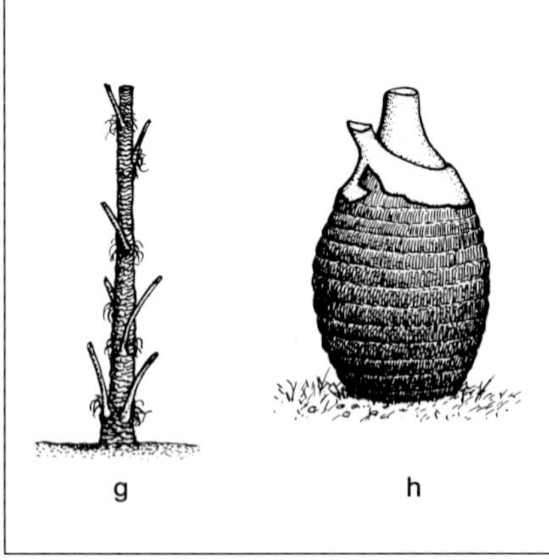

Abbildung einer 9-köpfigen *Washingtonia* auf Seite 22

***Cyrtostachys renda*, syn. *C. lakka*, die Siegellackpalme, fällt auf durch Rotfärbung des Kronenschaftes und der Blattstiele**

iert bei den verschiedenen Spezies beträchtlich. Kleine Palmenarten erreichen Stammhöhen von nur 0,3 m, die größten mehr als 60 m. Es gibt sehr massige Stämme, aber auch sehr dünne, rohrartige sowie eine Fülle dazwischen liegender Varianten. Die Stämme mancher Arten schwellen unterschiedlich stark faß- bzw. bauchartig an. Dem Stamm können jahrelang oder zeitlebens (wie z. B. bei *Phoenix*) die alten Blattbasen anhaften, er kann glatt, rauh, genarbt, ringartig gezeichnet, bestachelt, filzig oder mit Bastfasern umhüllt sein. Die Stämme der meisten Arten verholzen mit zunehmendem Alter, manche bleiben grün und relativ biegsam.

Verzweigte Stämme sind bei Palmen ungewöhnlich. Nur die Gattung *Hyphaene* bildet von Natur aus einen einfach oder mehrfach gegabelten Stamm. In seltenen Ausnahmefällen können auch bei anderen Gattungen durch Beschädigung des Vegetationskegels Stammverzweigungen entstehen. So ist auf Florida, New Smyrna Beach, eine *Sabal palmetto* mit 4 Köpfen zu sehen, und auf Teneriffa, ganz in der Nähe des legendären Drachenbaumes, kann der Besucher etwas Einmaliges bewundern: eine *Washingtonia* mit 9 Köpfen.

Mehrfachstämme, buschbildende Arten

Palmenarten, die durch axiale Sprosse an der Stammbasis neue Schößlinge bilden, sind relativ selten. Der Prozeß der Schößlingsbildung ist wahrscheinlich auch von äußeren Faktoren abhängig, aber nicht prognostizierbar. Die einzelnen Schößlinge entwickeln sich zu eigenständigen Pflanzen normaler Größe und können ihrerseits erneut Schößlinge bilden. Diese Art der vegetativen Vermehrung wird bei der Dattelpalme *Phoenix dactylifera* durch den Menschen zur Vergrößerung des Bestandes an weiblichen Pflanzen genutzt. Buschbildende Arten (z. B. *Bactris coloniata, Chamaedorea stolonifera, Cyrtostachys lakka*) erreichen mitunter die Undurchdringlichkeit von Dickichten. Diese Kolonien entstehen durch unterirdische Rhizombildung. Die Stämme solcher Arten werden im allgemeinen nicht sehr hoch. Arten mit kurzer Rhizomlänge (z. B. *Chrysalidocarpus*) wachsen dagegen mehr in Tümpeln und sind mit »Palmeninseln« vergleichbar.

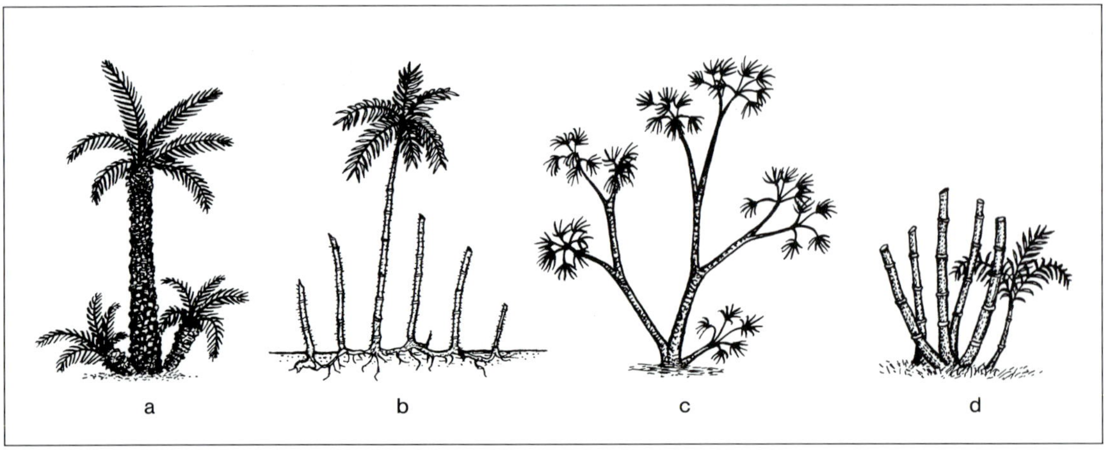

Mehrfachstämme und buschbildende Arten
a: Stamm mit zwei axialen Sprossen an der Stammbasis (z. B. *Phoenix canariensis*)
b: Starke Rhizombildung bei buschbildenden Arten (z. B. *Bactris maraja*)
c: Die Gattung *Hyphaene* bildet nicht nur Bodenschößlinge, sondern auch Stammverzweigungen
d: Durch kurze Ausläufer entstandene Stammgruppe (z. B. *Chrysalidocarpus lutescens*)

Kriechende und unterirdische Stämme

Kriechende Palmenarten sind solche, die sich wegen ihrer dünnen biegsamen Stämme nicht selbst tragen können. Das Längenwachstum der Stämme findet dann in horizontaler Ausdehnung statt (z. B. *Chamaedorea graminea*). Ferner gibt es Palmenarten, deren Stämme ganz oder teilweise unterirdisch verlaufen. Bei diesen Arten ist nur der Blattschopf bzw. noch ein Stück vom Stamm sichtbar. Liegende Stämme entwickeln gelegentlich Schößlinge, die sich vom Stamm entfernen und am Ende einen neuen Blatt-

Die neunköpfige *Washingtonia* auf Teneriffa ist eine Seltenheit unter den Palmen

Phoenix dactylifera bildet Schößlinge, die zur Vermehrung des Palmenbestandes genutzt werden

schopf bilden. Interessanterweise findet man zu den Arten mit kriechendem Stamm auch species derselben Gattung mit großen Solitärstämmen, z. B. *Phoenix, Raphia* und *Sabal*.

Klimmende Stämme

Bei kletternden Arten (z. B. *Desmoncus, Calamus, Daemonorops, Plectocomia*) sind die Stämme stets dünn und die Internodien bis zu 2 m lang. Den erforderlichen Halt finden sie durch Stacheln an Stamm und Blättern, unterstützt durch Ranken und Krallen an peitschenförmigen Verlängerungen der Blattspindeln. Die Stämme entspringen gewöhnlich einem unterirdischen Rhizom.

Das Blatt

Die Anlage der Blätter erfolgt an der Spitze des Stammes im sog. Vegetationskegel in spiraliger Anordnung. Nach erfolgter Differenzierung wachsen die eng zusammengefalteten Blätter nacheinander aus der Stammitte heraus. Sie entfalten sich in der Regel erst nach Sichtbarwerden des Blattstiels. Als Grundtypen unterscheidet man fieder- und fächerförmige Blätter. Zur besseren botanischen Beschreibung wird das Blatt in folgende Abschnitte eingeteilt: Blattspreite (Lamina), Blattstiel (Petiolus), Blattbasis oder Blattgrund, der bei vielen Palmen als runde Scheide (Ochrea) ausgebildet ist.

Die Blattbasis (oder Blattgrund, der bei manchen Arten den Stamm röhrenartig als Blattscheide umgreift) ist die Ansatzstelle des Blattstieles am Stamm. Sie ist oft sehr stabil angelegt und verholzt im Laufe der Zeit. Nach Abfallen der Blattbasen entstehen am Stamm mehr oder weniger auffällige Narben. Bei Palmen mit stammumgreifenden Blattscheiden hinterlassen die abgestorbenen Blätter ringartige Stammmuster. Die sich fest umschließenden Blattscheiden verlängern scheinbar den

Blatt-Grundtypen
a: Abschnitte eines Fiederblattes, Fiedern gegenständig
b: Abschnitte eines Fächerblattes, Fächerstrahlen geteilt, an der Spitze geschlitzt, Stiel leicht bestachelt
c: Konzentrisch geschlossene Blattbasen, die einen glatten Kronenschaft bilden
d: Fast kreisförmig aufgebautes Fächerblatt mit costapalmater Blattspreite

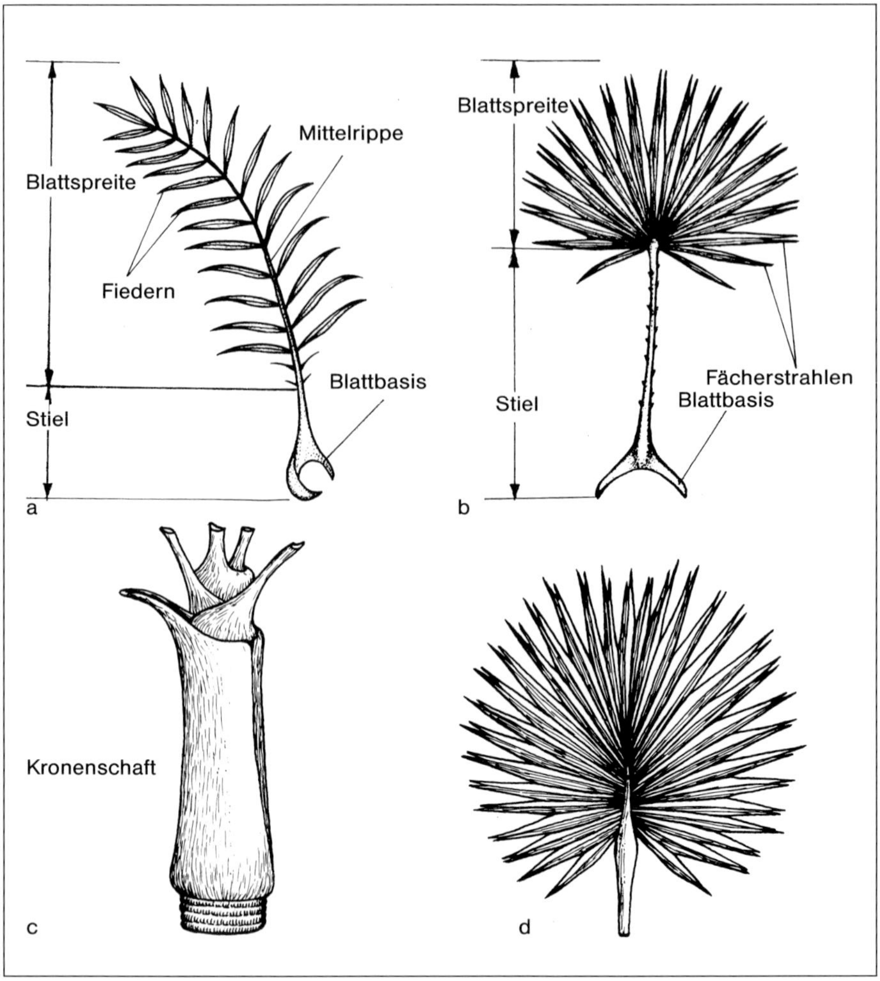

Stamm und werden Kronenschaft genannt. Bei *Roystonea*-Arten kann er 2 m lang werden. Ein Kronenschaft ist meist von hellerer Farbe als die Blätter und glatt, manchmal ist er wie Blattstiel und Fiedern fleckig überzogen, seltener trägt er Nadeln.

Der Blattstiel ist der Teil des Blattes zwischen Blattbasis und Blattspreite. Bei gefiederten (pinnaten) Blättern endet der Blattstiel an der Stelle, wo die ersten Seitenfiedern ansetzen. Er setzt sich als Mittelrippe (Rhachis) des Blattes fort.

Fächerförmige (palmate) Blätter haben keine Mittelrippe, weil die Fächerstrahlen (Segmente) alle vom Ende des Blattstieles ausgehen. Bei manchen Fächerpalmen setzt sich der Stiel teilweise oder ganz im Fächer fort (costapalmates Blatt), wodurch dieser eine sichtbare Zweiteilung erfährt.

Die Blattspreite ist im jugendlichen Stadium als geschlossene Fläche angelegt. Fiedern bzw. Fächerstrahlen sind eng aneinandergefaltet. Die Entfaltung der Blattspreite erfolgt durch Auflösung des Bindegewebes an den Faltungskanten, wodurch die Blattfläche einreißt. Bei manchen Fächerpalmen (z.B. *Washingtonia*) hängen dann nach erfolgter Differenzie-

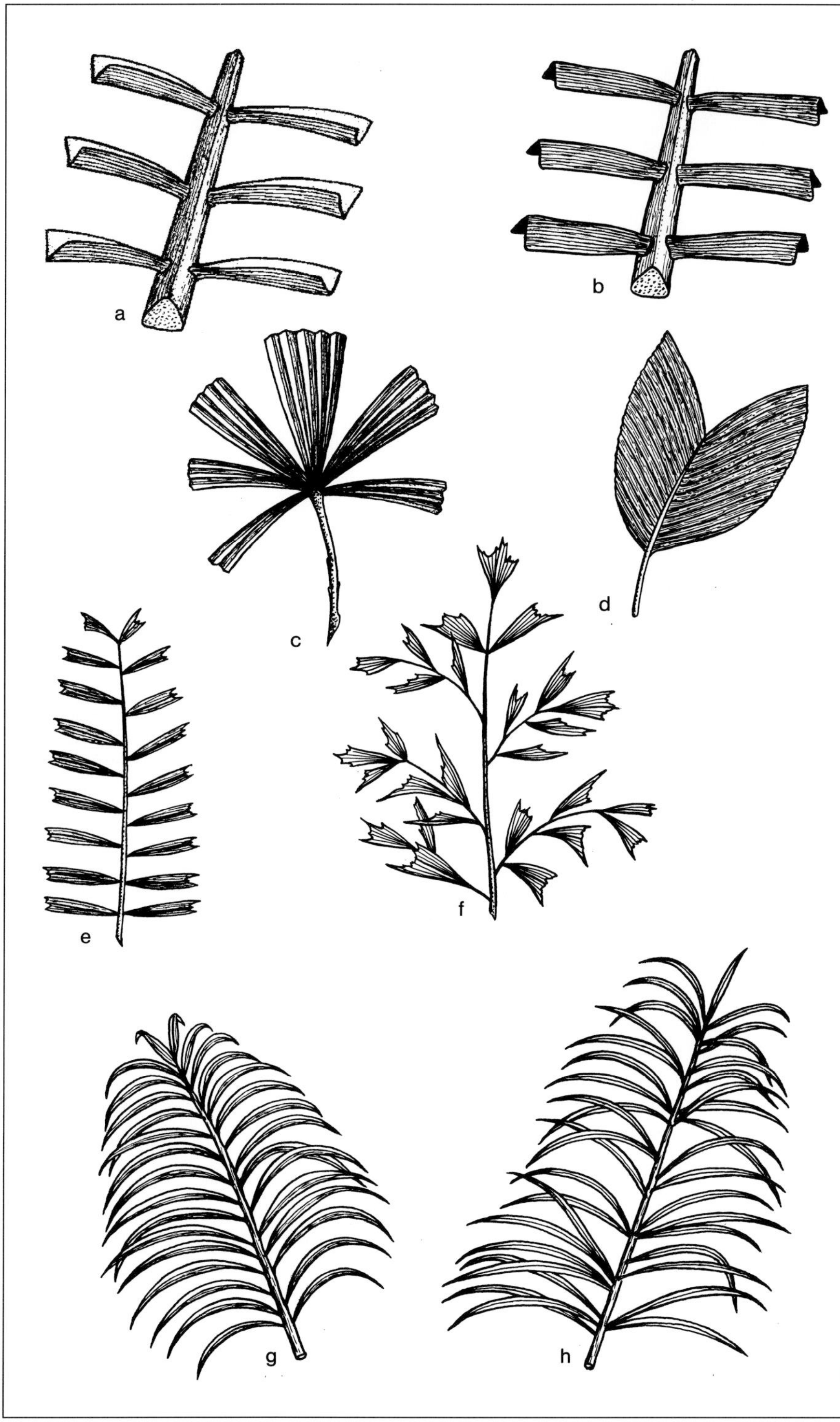

Verschiedene Fiederanordnungen und -formen
a: Fiederblätter aufwärts gerichtet (induplizíert, z. B. *Phoenix*)
b: Fiederblätter abwärts gerichtet (redupliziert, z. B. *Chrysalidocarpus* oder *Microcoelum*)
c: In unregelmäßig breite Segmente geteiltes palmates Blatt, regelmäßig gefaltet (z. B. *Licuala gracilis*)
d: Ein aus zwei breit miteinander verbundenen Seitenfiedern bestehendes Blatt (z. B. *Chamaedorea ernesti-augustii*)
e: Unregelmäßig gefiedertes Blatt mit zerrissen endenden Fiederspitzen (z. B. *Ptychosperma*)
f: Doppelt gefiedertes Blatt mit keilähnlichen Fiedern (z. B. *Caryota urens*)
g: Fiederblatt mit bogenförmig hängenden, dicht stehenden breiten Fiedern (z. B. *Howeia*)
h: Blatt mit lang zugespitzten, unregelmäßig angeordneten, bogig hängenden Fiedern, teilweise in Gruppen ansetzend (z. B. *Butia*)

Auch Jungpflanzen von *Aiphanes caryotifolia* sind schon bewehrt

rung der Blattstrahlen von deren Oberkanten weiße Fäden herab, die das vertrocknete Bindegewebe darstellen und zu den Charakteristika der jeweiligen Art zählen. Bei Fiederpalmen kann die Gewebeauflösung an den Oberkanten oder Unterkanten erfolgen. Die Fiedern sind dann im ersten Fall nach oben (indupliziert) oder im zweiten Fall nach unten geöffnet (redupliziert).

Bewehrung Wenn Palmen einen stark bestachelten Stamm besitzen, tragen sie häufig auch nadelähnliche Stacheln an den Mittelrippen der Blätter, an den Blattbasen oder auf den Ober- bzw. Unterseiten der Blattfiedern. Beispielsweise sind bei *Raphia* außer der Rhachis auch die Kanten und Rippen der Fiederblätter bestachelt. Bei *Aiphanes* sind der Stamm, alle Blatteile und sogar die Infloreszenzen mit langen, schwarzen, nadelähnlichen Stacheln besetzt. Stark bewehrt sind auch die Gattungen *Acrocomia, Bactris* und die meisten Kletterpalmen.

Bei vielen Fächerpalmen sind die Blattstiele an den Rändern meist unregelmäßig gezahnt oder tragen derbe Stacheln, wie z.B. bei *Chamaerops, Livistona, Trachycarpus* und *Washingtonia*, die gern in Kübeln kultiviert werden. Wegen der Verletzungsgefahr sollte man stark bewehrte Arten möglichst nicht in Wohnungen aufstellen.

Blattabwurf Es ist bei Palmen ganz normal, wenn die ältesten Blätter langsam absterben und vertrocknen. Sofern es sich um gesunde Pflanzen handelt und ihnen zusagende Umweltbedingungen vorherrschen, werden die absterbenden Blätter durch genügend neue ersetzt. Das ist in der freien Natur genau so wie bei Pflanzen in Heimkultur. Bei manchen Arten entledigt sich die Palme der abgestorbenen Blätter vollständig durch Blattabwurf. Die ehemaligen Ansatzstellen der Blattbasen hinterlassen am Stamm deutliche Narben (vgl. S. 20). In anderen Fällen bleiben die abgestorbenen Blätter mit dem Stamm verbunden, bis die vertrockneten Blattstiele vom Wind geknickt werden (vgl. S. 20 Abb. g). Wenn die Blattstiele in unmittelbarer Stammnähe abknicken, vergrößern die dem Stamm anhaftenden, verholzten Blattbasen optisch den Stammdurchmesser, wodurch ein sehr massiger Eindruck entsteht (vgl. S. 20 Abb. e). Bei einigen Arten hüllen die abgestorbenen Blätter den Stamm unterhalb der Blattkrone wie ein Rock ein (z.B. bei *Copernicia macroglossa* und *Washingtonia*), bevor sie nach und nach abfallen.

Blütenstände

Palmenblüten sind – einzeln betrachtet – recht unscheinbar. Sie erscheinen in Form von Blütenständen, den sog. Infloreszenzen. Botanisch gesehen sind sie meistens verzweigte Rispen, manchmal Ähren. Sie werden im Jugendstadium von einem Hüllblatt (Spatha) umgeben, das sich im entwickelten Stadium öffnet und

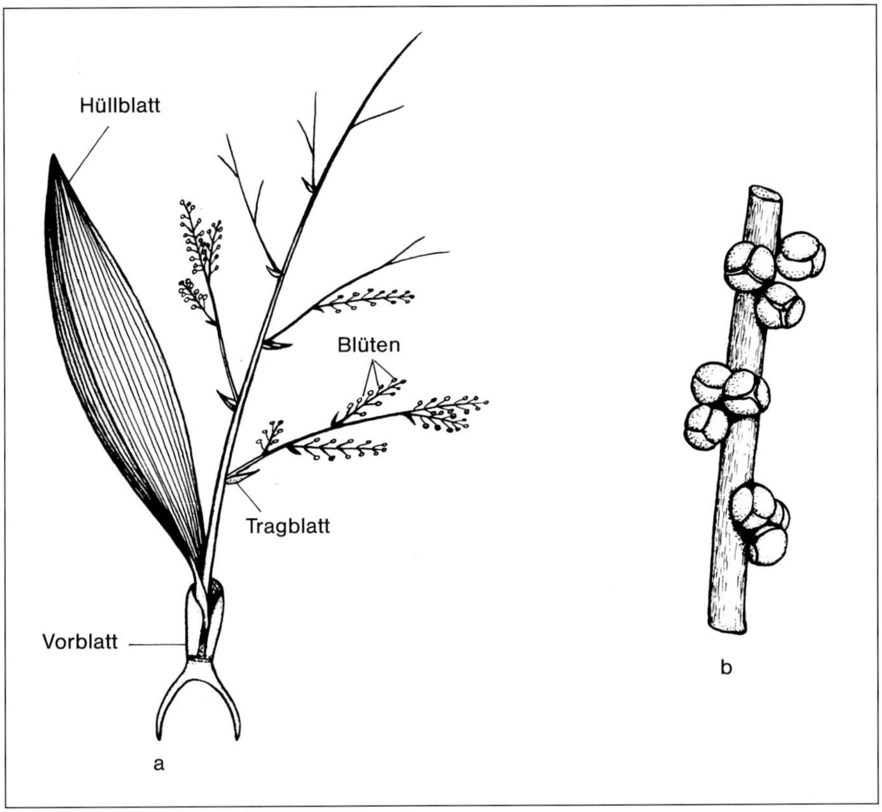

Aufbau einer verzweigten Infloreszenz
a: Entfaltete Infloreszenz mit verzweigter Rispe und anhaftendem Hüllblatt
b: Beispiel einer Dreiergruppierung von zwittrigen Blüten im Knospenstadium

die Infloreszenz freigibt. Den noch geschlossenen Blütenstand mit Hüllblatt nennt man Kolben (Spadix).

In der Regel erfolgt die Anlage der Blütenstände in den Blattachseln (interfoliar). Wenn vor der Entfaltung der Infloreszenzen die unterhalb der Blütenstände angeordneten Blätter abfallen, entsteht der Eindruck, als trete der Blütenschaft aus dem Stamm (infrafoliar), wie z. B. bei allen Palmen mit Kronenschaft.

Eine kleine Gruppe von Palmen entwikkelt nur ein einziges Mal einen mächtigen Blütenstand, der sich am Ende des Stammes senkrecht über den Blattschopf hinaus erhebt. Zu dieser Gruppe gehören *Corypha* und *Metroxylon*. Nach der Blüte sterben die Pflanzen ab.

Palmenblüten sind entweder männlich, weiblich oder zwittrig. Die Verteilung der verschieden geschlechtigen Blüten ist bei den Palmenarten unterschiedlich.

Zweihäusige Palmen sind solche, die männliche und weibliche Blüten (also Blüten, die nur Staubblätter oder nur Fruchtblätter tragen) auf verschiedenen Bäumen ausbilden. Man kann in diesem Fall von männlichen oder weiblichen Bäumen innerhalb einer Art sprechen. Die Gattung *Phoenix* ist dafür ein Beispiel.

Bei einhäusigen Palmen befinden sich männliche und weibliche Blüten auf ein und demselben Blütenstand. Diese Verteilung findet man bei den meisten Gattungen, wobei es verschiedene Gruppierungen der männlichen und weiblichen Blüten gibt.

Zu den Palmen, die zwittrige Blüten (also gleichzeitig Staubblätter und Fruchtblätter tragende) ausbilden, gehört z.B. die Gattung *Sabal*. Schließlich gibt es Arten, deren Infloreszenzen getrennt-geschlechtige und zwittrige Blüten tragen können, wie z.B. bei der Hanfpalme *(Trachycar-*

Palmenblüten können männlich, weiblich oder zwittrig sein

Abbildung einer blühenden *Phoenix dactylifera* auf Seite 31

Fruchtbündel von *Scheelea* mit spitz auslaufendem Deckblatt

Abbildung einer *Phoenix canariensis* mit Früchten auf Seite 13 und 89

pus), aber ebenso findet man bei dieser Gattung auch rein männliche oder weibliche Pflanzen.

Vielfach läßt sich beobachten, daß bei zwittrigen Blüten nur eines der beiden vorhandenen Geschlechter fruchtbar ist. Bei Infloreszenzen mit männlichen und weiblichen Blüten fallen meist die männlichen ab, bevor sich die weiblichen öffnen.

Befruchtung

Die meisten Palmen werden durch Insekten bestäubt, aber auch der Wind kann diese Funktion übernehmen. Eine Pollenübertragung führt jedoch nur zum Fruchtansatz, wenn während der fruchtbaren (fertilen) Phase der weiblichen Blüten befruchtungsfähiger Pollen zur Verfügung steht und auf die befruchtungsbereiten Fruchtblätter gelangt. In Dattelplantagen achtet man deshalb zwecks Erzielung hohen Ertrages darauf, daß trotz der gewollten Überzahl weiblicher Palmen genügend männliche als Pollenspender in der richtigen Verteilung vorhanden sind.

In botanischen Gärten, in Orangerien und bei Palmenliebhabern kann man mitunter blühende Kübelpflanzen von *Trachycarpus* bewundern. Sofern es sich um weibliche Pflanzen handelt, ist eine Befruchtung technisch auch dadurch möglich, daß man sich Pollen einer gerade blühenden männlichen Pflanze schicken läßt und ihn beispielsweise mit einem Pinsel auf die weiblichen Blüten überträgt. Allerdings ist Eile geboten, da nach derzeitigem Wissen der Pollen kaum länger als 7 Tage lebensfähig bleibt.

Früchte

Palmenfrüchte entstehen aus weiblichen oder zwittrigen Blüten der Infloreszenz. Nach der Befruchtung senken sich die Fruchtstände infolge ihres zunehmenden Gewichtes allmählich nach unten. Infloreszenzen, die männliche und weibliche Blüten getragen haben, erkennt man an den Lücken in den Fruchtbündeln.

Die Form, Farbe und Größe der Früchte variiert bei den verschiedenen Arten in weiten Grenzen (von wenigen Millimetern bis 60 cm).

Die äußere Hülle reifer Früchte ist oft leuchtend gefärbt. Es dominieren rote, orangefarbene, gelbe, grüne, braune, violette und schwarze Farbtöne.

Botanisch gesehen sind Palmenfrüchte entweder Steinfrüchte oder Beeren. So weist die Frucht der Kokospalme die Merkmale einer Steinfrucht auf. Ihr Aufbau stimmt mit dem einer Kirsche oder Pflaume überein, d.h. die Kokosnuß ist keine Nuß, sondern eine Steinfrucht. Unter der glatten Außenhaut (Exocarp) befindet sich bei Steinfrüchten gewöhnlich ein saftiges Zwischengewebe (Mesocarp), das einen hartwandigen Steinkern (Endocarp) umschließt. In diesem befindet sich der eigentliche Same (Endosperm). Die Kokosnuß nimmt unter den Steinfrüchten eine Sonderstellung ein, weil ihr Mesocarp nicht aus saftigem, sondern aus einem lufthaltigen, dichten Fasergewebe besteht. Es ermöglicht in Verbindung mit der wasserabweisenden Außenhaut die Schwimmfähigkeit der Frucht.

Im Gegensatz zu den Steinfrüchten ist bei den Beeren die gesamte Fruchtwand fleischig. Das Endocarp besteht aus einer weichen, mit dem Samen verwachsenen Haut, wie z. B. bei den Früchten der Dattel- und Hanfpalme.

Das Endosperm der Samen dient dem heranwachsenden Keimling als Nährstoffquelle. Es ist in vielen Fällen reich an Fetten oder Kohlenhydraten, beispielsweise bei den Gattungen *Acrocomia, Elaeis* oder *Cocos*. Bei Früchten mit hartem Endocarp tritt der Keimling durch eine Keimpore nach außen. Manche Steinfrüchte, so die Kokosnuß, besitzen drei Keimporen, von denen sich nur eine Pore infolge des Keimlingsdrucks für den Durchtritt der Wurzel öffnet. Es gibt auch mehrfächrige Steinkerne, z. B. bei der Gattung *Butia*, aber nur einer der eingeschlossenen Samen bildet einen Keimling aus.

Die Position des Keimlingsaustrittes variiert bei den verschiedenen Gattungen. Der Austritt kann in der Nähe des Fruchtstielansatzes (basal), an einer Seite (lateral) oder gegenüber dem Fruchtstielansatz (apikal) erfolgen.

Wurzeln

Die Ausbildung des Wurzelsystems bei Palmen unterscheidet sich durch mehrere Besonderheiten von dem anderer Bäume. An dieser Stelle sollen jedoch nur die herausragendsten genannt werden. Die bei der Keimung des Palmensamens entstandene Primärwurzel hat nur eine kurze Lebensdauer. Sie wird durch nachfolgende Adventivwurzeln ersetzt, die an der Stammbasis entspringen und sich im Boden verzweigen. Die Wurzeln verdicken sich nicht mit zunehmendem Alter, aber es entstehen zwischen den vorhandenen neue, so daß ein dichtes Wurzelpostament entsteht, das den Stamm trägt. Bei älteren Pflanzen treten Wurzeln gleicher Dicke seitlich aus der Stammbasis heraus, senken sich und dringen in den Boden ein. In Gebieten mit flachem Boden über felsigem Grund wird durch kontinuierliches Wurzelwachstum die gesamte Stammbasis angehoben, wodurch das Wurzelpostament deutlich hervortritt. Dieser Vorgang ist bei Palmen in Topfkultur oft zu beobachten. Wenn die Wurzeln den Topfboden erreicht haben, drücken sie den Erdballen über den Topfrand hinaus – höchste Zeit zum Umtopfen.

Adventivwurzeln können unter den Bedingungen des Regenwaldes meterlang werden und erinnern an die gewaltigen Stelzwurzeln der Mangrovengewächse. Palmen mit Stelzwurzeln sind z. B. die Fiederpalmen *Eugeissona minor* und *Verschaffeltia*-Arten.

Abbildung von *Cocos nucifera* mit Früchten auf Seite 10

Ein anderes Beispiel für die Wurzelanpassung an den Standort findet man in den felsigen Trockengebieten Kubas, wo die Wurzeln der endemischen Art *Gaussia princeps* Felsspalten und Vorsprünge zur Verankerung suchen.

Wenn Kübelpflanzen Adventivwurzeln bilden, kann man sich freuen. Je kräftiger die Wurzeln, desto kräftiger die Pflanzen. Schließlich sollen die Schaupflanzen auch einem Sturm standhalten. Um das Wachstum der Adventivwurzeln zu fördern, ist es zweckmäßig, die Stammbasis in Moos einzupacken und stets feucht zu halten.

Palmenanzucht

Generell werden Palmen aus Samen, also generativ, vermehrt. Daneben besteht aber bei Ausläufer treibenden Arten auch die Möglichkeit der vegetativen Vermehrung.

Generative Vermehrung

Wer sich Palmen aus Samen heranziehen möchte, verschafft sich zusätzlich Spannung und Freude. Wenn Wochen nach der Aussaat und des Wartens endlich der Keimling erscheint, ist das der sichtbare Erfolg für die aufgewendete Mühe. Vor der Aussaat der Samen muß man einiges beachten.

Die Keimdauer von Palmensamen kann selbst innerhalb einer Art großen Schwankungen unterliegen, vgl. dazu auch die Tabelle auf Seite 32

Erste Voraussetzung: Geduld

Palmensamen besitzen im allgemeinen lange Keimdauern, die artbezogen zwischen wenigen Wochen und Jahren schwanken. Aus der Tabelle S. 32 geht hervor, daß auch die Keimdauern von Samen einer Art bei völlig gleicher Behandlung in einem Saatgefäß enormen Schwankungen unterliegen können. Die Gründe dafür sind nicht bekannt. Nach dem Auspflanzen der Sämlinge wird man also eine Anzahl noch nicht gekeimter Samen finden und ist gut beraten, sie weiter zu kultivieren. Oft kommen sie durch erhöhte Wärme (z. B. durch einen Wärmeschub auf einer Heizmatte oder in einem Gewächshaus) bei ausreichender Feuchtigkeit in Gang und liefern, wie die zuvor gekeimten, kräftige Pflanzen. Trotzdem ist immer mit Keimausfällen zu rechnen. Auch die Keimquote bei Palmensamen unterliegt starken Schwankungen. Es kann sogar vorkommen, daß von einer Charge kein einziger Same keimt, obwohl die optimalen Keimbedingungen stets eingehalten worden sind. Dann könnte es sich um überlagertes Saatgut handeln. Palmensamen verlieren durch Austrocknung relativ schnell ihre Keimkraft.

Zweite Voraussetzung: Keimfähige Samen

Wer Samen in Geschäften kauft, sollte darauf achten, daß er frisch ist und in Keimschutztüten angeboten wird.

Zweckmäßigerweise bezieht man den Palmensamen von renommierten Samenhandlungen bzw. spezialisierten Versandfirmen oder botanischen Gärten. Eine Garantie für erntefrischen Samen gibt aber niemand. Deshalb lohnt es sich für Palmenfreunde, während ihres Urlaubs in subtropischen oder tropischen Ländern einige reife Früchte zu sammeln und sie zu Hause unverzüglich zu kultivieren. Es sind jedoch die Ausfuhrbestimmungen des Gastlandes zu beachten. Eine Bevorratung von Palmenfrüchten ist wegen des Verlustes der Keimfähigkeit nicht sinnvoll.

Vorbereitung der Aussaat

Bei selbst gesammelten Früchten muß unbedingt die äußere Fruchthülle entfernt werden. Sie würde in der Erde faulen und den Keimling gefährden. Weiterhin sind die Fruchthüllen mitunter durch Insektengelege infiziert, deren Brut bei hoher Bodenwärme schlüpft und die Samen vernichtet. Das Fruchtfleisch mancher Palmenfrüchte enthält außerdem keimhemmende Substanzen.

Die Entfernung der Fruchthüllen wird erleichtert, indem man die Früchte zwei Tage in warmem Wasser (ca. 25 °C) einweicht (das Einweichen vor der Aussaat

empfiehlt sich auch bei gekauften Samen mit harter Schale). Nach dem Schälen bzw. Säubern sollten die Samen sofort in das vorbereitete Saatgefäß gelegt werden. Als Substrat eignet sich die in Fachgeschäften angebotene Aussaaterde (nährstoffarm), Torf (TKS), leichte Gartenerde oder ein Gemisch aus Erde und gewaschenem Sand im Verhältnis 2:1. Auch reiner keimfreier Sand ist geeignet. Aus ihm lassen sich die jungen Sämlinge besonders schonend auspflanzen.

Wer das Auspflanzen der Sämlinge – was mit einem Schock für die Pflanzen verbunden ist – vermeiden möchte, sieht für jeden Samen einen separaten Topf vor. Kultiviert wird in leichter Gartenerde oder Torf. Der Nachteil besteht in erhöhtem Platzbedarf. Man kann auch bei Ausläufer bildenden Arten, z.B. *Chamaedorea* oder *Chrysalidocarpus*, mehrere Samen in einen Topf legen, um einen buschigeren Habitus als bei Einzelpflanzen zu erzielen. Das Wurzelwerk verfilzt allerdings so stark, daß sich die entwickelten Pflanzen später nicht mehr ohne schwere Schäden voneinander trennen lassen.

Aussaat und Behandlung während der Keimphase

Es ist ratsam, für unterschiedliche Arten getrennte Saatgefäße zu verwenden und

Phoenix dactylifera **mit mehreren, sich gerade öffnenden Blütenständen**

sie sofort zu etikettieren, um spätere Verwirrung zu vermeiden.

Die vorbereiteten Samen werden im Abstand von 2 cm oder mehr in die Saatgefäße gelegt und mit Substrat abgedeckt. Samen mit geringer Keimfähigkeit kann man auch dichter legen.

Als Faustregel gilt, daß die Deckschicht etwa doppelt so hoch sein soll wie der Durchmesser des gelegten Samens. Nach Andrücken der Erde ist sie gründlich zu durchfeuchten. Anschließend werden die Saatgefäße abgedeckt, um über dem Substrat eine hohe Luftfeuchtigkeit zu gewährleisten sowie die Wasserverdunstung herabzusetzen. Zur Abdeckung der Gefäße eignen sich wasserabweisende Materialien wie z. B. Glas, Porzellan oder Kunststoffolien. In ihrer natürlichen Heimat keimen die Palmensamen in der schwülwarmen Dämmerungszone schützenden Laubwerks, durch welches kaum noch Licht dringt. Diese Keimbedingungen müssen wir nachbilden, wenn die Kultur Erfolg haben soll. Im einzelnen heißt das:

Keimbedingungen für Palmensamen

1. Ständiges Feuchthalten des Substrates, am besten tägliche Kontrolle. Nach der Aussaat dürfen die Samen nicht ein einziges Mal austrocknen, weil dadurch der Keimprozeß unterbrochen wird und sämtliche Samen absterben.
2. Saatgefäße dunkel stellen, keinesfalls in die Sonne! Werden zur Gefäßabdeckung Gläser oder durchsichtige Folien verwendet, ist es ratsam, sie zusätzlich abzudunkeln. Licht schadet der Keimentwicklung.
3. Hohe Keimtemperatur. Sie soll bei tropischen Arten möglichst gleichbleibend oberhalb 25 °C, besser bei 30 °C liegen. Arten aus subtropischen Gebieten keimen auch bei Zimmertemperatur, d. h. zwischen 20 °C bis 25 °C.

Keimdauern verschiedener Palmensamen

Gattung	Keimdauer in Wochen
Archantophoenix	ca. 6 bis 12
Areca	ca. 6 bis 12
Arecastrum	6 oder länger
Borassus	mehr als 12
Brahea	ca. 6 bis 12
Butia	25 bis 100
Calamus	ca. 15, Keimfähigkeit kurz
Caryota	mehr als 8
Chamaedorea	ca. 4 bis 25
Chamaerops	ca. 8 bis 16
Chrysalidocarpus	ca. 8 bis 12
Cocos	ca. 4 bis 8
Coccothrinax	ca. 4 bis 6
Copernicia	ca. 8 bis 12
Howeia	unregelmäßig bis zu 36
Hyophorbe	ca. 8
Jubaea	12 bis 25 oder länger
Licuala	12 bis 25 oder länger
Livistona	ca. 6 bis 12
Microcoelum	ca. 8 bis 12
Phoenix	ca. 8 bis 12
Pritchardia	ca. 8 bis 12
Ptychosperma	ca. 5
Rhapis	ca. 8 bis 12
Rhopalostylis	ca. 8 bis 12 oder länger
Roystonea	8 oder länger
Sabal	8 bis 12 oder länger
Trachycarpus	ca. 6 bis 8
Veitchia	ca. 8
Washingtonia	ca. 3 bis 6

Wie soll man die Temperaturen erzeugen? Bei den subtropischen Arten wird die Fensterbank mit darunterliegender Heizung ein geeigneter Aufstellungsort sein. Man überzeugt sich am besten durch eine Temperaturmessung an Ort und Stelle.

Bei allen tropischen Arten kann man nur gute Keimergebnisse erwarten, wenn während der Keimperiode die Bodentemperatur auch nachts nicht wesentlich absinkt. Das erfordert eine Zusatzheizung. Im Fachhandel erhältliche Keimboxen oder Miniaturgewächshäuser für Blumenfenster besitzen elektrisch heizbare Bodenplatten mit Netzanschluß. Letztere sind auch separat käuflich. Ihre Leistungsaufnahme ist gering. Sie beträgt etwa

10 W pro 600 cm^2. Die damit erzeugte Wärme reicht aus, wenn die Boxen in Räumen mit Zimmertemperatur betrieben werden. Es empfiehlt sich, die Bodentemperatur mit einem Bodenthermometer zu überwachen.

Eleganter, aber kostenaufwendiger, ist die automatische Temperaturregelung mit Hilfe eines elektrischen Kontaktthermometers, das entweder die Bodentemperatur oder die Umgebungstemperatur der Saatgefäße mißt. Die in der Tabelle auf S. 32 angegebenen Keimdauern für verschiedene Gattungen sind lediglich Orientierungswerte. Sie stützen sich auf Angaben verschiedener Autoren sowie eigene Erfahrungen.

Vegetative Vermehrung

Die vegetative Vermehrung hat bei Palmen keine besondere Bedeutung, weil es viel einfacher ist, Jungpflanzen aus Samen heranzuziehen. Sie gelingt nur durch Teilung von buschig wachsenden Arten bzw. Abtrennung einzelner Ausläufer, z. B. bei *Caryota mitis, Chrysalidocarpus, Chamaedorea seifrizii, Rhapis*-Arten, *Calamus*-Arten, seltener jedoch bei der Gattung *Phoenix*.

Da junge Pflanzen sehr wurzelempfindlich sind, sollte man für eine Teilung nur kräftige Büsche verwenden. Nach Herauslösung aus dem Pflanzgefäß wird der Ballen mit einem scharfen Messer so getrennt, daß jedes Teilstück aus mehreren zusammenhängenden Pflanzen besteht. Danach kann sofort wieder eingetopft und düngerfrei angegossen werden.

Junge Wurzelsprosse werden vor dem Abtrennen zur Wurzelbildung angeregt, indem man sie mit einem Messer an der Mutterpflanze von unten einschneidet. Nach einigen Wochen, wenn sich der Sproß genügend bewurzelt hat, kann er abgeschnitten und eingetopft werden.

Wenn Palmen der Gattung *Chamaedorea* ihre unteren Blätter verloren haben, wirken sie nicht mehr so attraktiv.

Dagegen läßt sich mit der Methode des »Abmoosens« etwas tun. Man umwickelt den Stamm unterhalb des Blattschopfes mit feuchtem Sumpfmoos *(Spagnum)* oder grobem Torf. Um das Austrocknen zu verhindern, wird die Packung mit Folie umhüllt, die man unten fest mit dem Stamm verschnürt. Wenn die Packung stets feucht gehalten wurde, erscheinen nach einigen Monaten an den ehemaligen Blattachseln die ersten Luftwurzeln. Sobald sie sichtbar und kräftig genug sind, schneidet man den Stamm unterhalb der Wurzeln ab und topft die nun verkürzte Palme ein.

Behandlung von Jungpflanzen

Die sich aus Samen entwickelnden Pflänzchen nennt man Sämlinge. Sie werden vom Endosperm des Samens bis zu dessen Erschöpfung ernährt. Sobald sich die

***Aiphanes caryotifolia*, Jungpflanze**

Pflanzsubstrat siehe Seite 31

Keimlinge mit 2 Fingern greifen lassen, kann man die Pflanzen pikieren, d. h. vorsichtig aus den Saatgefäßen herausheben und in Töpfe pflanzen, die ihrer Größe entsprechen. Dabei darf der Samen keinesfalls von dem gerade entstandenen Pflänzchen getrennt werden, denn er ist während der ersten Wochen der Sämlingsentwicklung dessen einzige Energiequelle. Von ihr wird der Sämling auch nach dem Pikieren weiter versorgt, so daß er den Umpflanzschock gut übersteht.

Wenn rechtzeitig pikiert wird, wachsen die Pflanzen schon nach wenigen Tagen normal weiter. Im Laufe einiger Wochen beginnen die Samen infolge des Energieverbrauches zu schrumpfen und fallen schließlich ab. Eingetopfte Sämlinge entwickeln sich am besten, wenn man noch für eine gewisse Zeit Bodentemperaturen wie bei der Keimung einhält. Bei gutem Wachstum kann man sie allmählich absenken.

Weitere Angaben zur Luftfeuchte ab Seite 46

Als Substrat eignet sich lockere, nährstoffarme Erde, wie sie auch für die Aussaat zur Verwendung kommt (s. S. 31). Dadurch werden die Wurzeln zu stärkerer Verzweigung angeregt, die Pflanzen können leichter Wasser aufnehmen und entwickeln schneller einen Wurzelballen.

Gutes Wachstum von Jungpflanzen erfordert ferner einen möglichst hellen, absonnigen Standort und stets feuchtes Substrat. Junge Pflanzen dürfen nie austrocknen. Je wärmer sie stehen, um so mehr Wasser verdunstet aus den Töpfen. Es empfiehlt sich deshalb, sie regelmäßig nachzuwässern und vor Zugluft zu schützen.

Ein weiterer Wachstumsfaktor ist die Luftfeuchte. Sie ist in Wohnräumen – speziell während der Heizperiode – für die meisten Pflanzen zu gering. Die Folgen sind häufig vertrocknende Blattspitzen oder -ränder. Da die Bildung jedes neuen Blattes nur aus der Kraft der bereits assimilierenden Blattfläche erfolgt, müssen besonders bei jungen Palmenpflanzen Blattschäden unbedingt vermieden werden.

Jungpflanze von *Licuala paludosa*

Kultur und Pflege

Palmen sind als Dekorationspflanzen besonders reizvoll. Der Liebhaber ist mit Recht stolz, wenn sie sich prächtig entwickeln, und wird sie an exponierten Stellen als Blickfang aufstellen wollen. Unabhängig vom Aufstellungsort – ob in der Wohnung, im Wintergarten, Gewächshaus oder über Sommer im Freien – kommt es stets darauf an, für die Pflanzen optimale Lebensbedingungen zu schaffen.

Nachfolgend werden alle Grundlagen der Palmenpflege behandelt und praktische Ratschläge gegeben. Für denjenigen, der sie beachtet, ist Palmenpflege eine einfache Sache. Das gilt auch für anspruchsvolle Arten aus tropischen Gebieten, denn die in europäischen Tropenhäusern aus Samen herangezogenen Arten werden frühzeitig an »härtere« Bedingungen gewöhnt und sind daher widerstandsfähiger als nicht akklimatisierte Pflanzen.

Gedanken vor dem Palmenkauf

Vor der Anschaffung einer Palme stellt man zweckmäßigerweise ein paar Überlegungen an.

Wer gleich eine große, dekorative Pflanze wünscht, muß sich fragen, ob ihr genügend Raum geboten werden kann. Die Palmenblätter sollten nicht durch Möbel oder Wände deformiert, Vorbeigehende nicht durch sie behindert werden. Es ist auch zu berücksichtigen, daß Palmen um so schneller wachsen, je wohler sie sich fühlen. Der Platzbedarf wird also jährlich ansteigen. Fiederblättrige Palmen, z. B. *Phoenix*-Arten, benötigen mehr Platz als fächerförmige, wie beispielsweise *Trachycarpus* oder *Sabal*. Empfehlenswert ist ferner, sich vor dem Kauf der gewünschten Art über ihre Ansprüche zu informieren (s. S. 73). Man erspart sich spätere Enttäuschungen.

Noch etwas gilt es zu bedenken: An manchen Palmen kann man sich empfindlich verletzen. Die verdornten Fiedern von *Phoenix canariensis* sind nadelspitz. *Chamaerops humilis, Livistona* und *Washingtonia* tragen beiderseits der Blattstiele scharfe Zähne bzw. Dornen, die besonders für Kinder gefährlich werden können. Notfalls muß man auf die Kultur dieser Pflanzen in Wohnräumen verzichten.

Im Kapitel »Beschreibung der Gattungen und Arten« ab Seite 73 sind alle erforderlichen artspezifischen Ansprüche sowie spezielle Pflegehinweise gegeben

Welche Palmen soll man kaufen?

Beim Kauf von Palmen entscheidet man sich für kräftige, gut gebaute, unbeschädigte Exemplare mit rundherum gleichmäßigem Blattaufbau. Die Pflanzen sollten senkrecht im Gefäß stehen und bereits einige junge, unentfaltete Blätter erkennen lassen. Gesunde Palmen erkennt man an stabilen, fleckenlosen Blättern. Die Farbe der Blätter variiert artentypisch, sie ist deshalb kein absolutes Gesundheitskriterium. Das Farbenspektrum reicht vom dunklen Grün über blaugrün, hellgrün, graugrün bis zu metallischem Glanz.

Zum Verkauf angebotene Palmen sind in der Regel gegen Schaderreger behandelt. Dennoch sollte man die Stiele und Blätter, auch ihre Unterseiten, einem prüfenden Blick unterziehen. Einmal nach Hause eingeschleppte Schädlinge können sich nach kurzer Zeit auch auf andere, benachbart stehende Pflanzen ausbreiten.

Erfreulicherweise gibt es Palmenarten, die sich ganzjährig in geheizten Wohnräumen wohlfühlen. Andere bevorzugen im Sommer einen Freilandaufenthalt.

Palmen aus den feuchtwarmen Tropen kann man bis auf wenige Ausnahmen nur in Gewächshäusern bzw. Wintergärten erfolgreich kultivieren.

Geeignete Palmengattungen für warme Wohnräume sind z. B.

Palmengattungen für warme Wohnräume

Archontonphoenix (s)
Areca (s)
Caryota (s)
Chamaedorea (s)
Chrysalidocarpus (s)
Euterpe
Howeia (s)
Licuala (s)
Livistona (s)
Microcoelum (s)
Phoenix canariensis und *dactylifera*
Phoenix roebelenii (s)

Die mit (s) gekennzeichneten Gattungen tolerieren Vollschatten. Palmen, die sich während der Sommermonate im Freien am wohlsten fühlen, sind z. B.

Palmen, die im Sommer im Freien kultiviert werden können

Arecastrum
Butia
Brahea
Chamaerops
Livistona
Phoenix canariensis
Phoenix dactylifera
Rhapis
Rhopalostylis
Serenoa
Trachycarpus
Washingtonia

Nähere Ausführungen zu den Auswirkungen eines Ortswechsels auf den Seiten 53/54

Die Überwinterung der hier genannten Palmengattungen und -arten kann auch in kühlen, hellen Räumen oder unter kalthausähnlichen Bedingungen erfolgen.

Einige Kauftips

Die in Großhandlungen, Gartencentern, Supermärkten und Versandhäusern angebotenen Palmen stammen hauptsächlich aus großen Anzuchtbetrieben, beispielsweise aus Aalsmeer, dem holländischen Blumen- und Pflanzenzentrum, wo sie in großen Mengen aus Samen herangezogen werden. Das Artenspektrum ist deshalb begrenzt. Wer eine besondere Art sucht, sollte sich an eine Erwerbsgärtnerei wenden, die sich speziell mit Palmenanzucht befaßt. Auch in größeren botanischen Gärten werden in geringen Mengen Palmen verschiedener Spezies herangezogen. Außerdem pflegen botanische Gärten Kontakte mit anderen Kulturbetrieben, die dem Palmenliebhaber von Nutzen sein können.

Da Palmen kälteempfindlich sind, ist es günstig, sie in der warmen Jahreszeit zu kaufen. Im Herbst oder Winter verkraften sie den Orts- bzw. Temperaturwechsel schlechter.

Die in tropischen Gebieten beheimateten Palmen kennen keine Ruhezeit. Sie sind deshalb besonders frostempfindlich. Beim Kauf solcher Arten an kalten Wintertagen achte man also auf eine wärmeisolierende Verpackung, die den Wurzelballen mit einschließt und transportiere sie nur im beheizten Fahrzeug.

Auf Supermärkten werden Palmen stets in großen Partien angeboten. Sie sind deshalb dort preisgünstig zu haben, nach Seltenheiten wird man allerdings vergeblich suchen.

Ratschläge für die ersten Wochen

Gekaufte Palmen sind durch mehrfach erfolgte Änderungen der für sie wirksamen Umwelteinflüsse in ihrem normalen Wachstum gestört.

Sichtbare Anzeichen dafür sind das verringerte oder völlig eingestellte Längenwachstum der noch unentfalteten Blätter und das verfrühte Vergilben älterer Blätter. Diese Verluste holen die Pflanzen aber nach der Akklimatisationsphase wieder auf.

Damit die Anpassung einer Palme an die neuen Bedingungen so schnell wie möglich erfolgen kann, ist eine Ausgewogenheit der wichtigen Einflußgrößen Wärme, Licht und Wasser erforderlich. Deshalb muß besonders während der ersten Wochen am neuen Standort darauf geachtet werden, alles zu unterlassen, was einen neuen Schock auslösen könnte. Die Erfahrung lehrt, daß es am besten für die Palme ist, sie an dem einmal gewählten Platz stehenzulassen, nicht herumzuschieben, bedarfsgerecht zu gießen und aufmerksam zu beobachten.

Während der Anpassungsphase ist folgendes zu beachten:

- Nicht umtopfen! Unschöne Pflanzgefäße stören nicht mehr, wenn man sie in attraktive Übertöpfe stellt.
- Nicht in die Nähe wärmestrahlender Heizkörper stellen. Das könnte das Ende der Palme bedeuten.
- Nicht in die Sonne stellen. Auch in der Wohnung oder unter Glas die Palme so plazieren, daß sie nicht ständig von der Sonne getroffen wird. Sie bekäme Sonnenbrand, der die bis dahin gesunden Blätter schädigt bzw. zu ihrem Absterben führt.
- Nicht düngen, bevor sichtbares Wachstum eingesetzt hat.
- Niemals den Wurzelballen austrocknen lassen!

Wichtig für die Entwicklung der Palme ist, daß der gewählte Standort von Anfang an stimmt. Unter günstigen Bedingungen wird sie ihr unterbrochenes Wachstum nach etwa 4 bis 6 Wochen fortsetzen. Es besteht aber auch dann kein Grund zur Verzweiflung, wenn sich diese Zeit verdoppeln sollte. Viele ungünstige Umstände im Vorleben der Palme (z.B. kalter, dunkler Standort, stark schwankende Temperaturen, zeitweise Austrocknung des Topfballens usw.) können den Wachstumseinsatz verzögern.

Der richtige Standort

Im Sommer gekaufte Palmen, die den Freilandaufenthalt lieben, kann man auf dem Balkon oder im Garten an eine windgeschützte schattige Stelle setzen. Erst nach der Anpassungsphase dürfen sie näher zum Sonnenlicht gerückt werden.

Weitere Einzelheiten über den Sommeraufenthalt von Palmen ab Seite 56

Die für Innenräume vorgesehenen Pflanzen sind natürlich bezüglich des Lichtangebotes benachteiligt, weil die Beleuchtungsstärke in Wohnräumen beträchtlich unter den im Freien gemessenen Werten liegt. Wer ein handelsübliches Luxmeter besitzt, kann die Beleuchtungsstärke am Standort der Palme messen und somit genauer beurteilen, ob das Lichtangebot ausreicht (s.S. 41). Es geht aber auch ohne Lichtmessung. Entscheidend ist, das spezifische Lichtbedürfnis der jeweiligen Art zu kennen und bei der Standortwahl zu berücksichtigen.

Tips für die Anpassungsphase

Die folgenden Hinweise sollen die Suche nach einem geeigneten Standort erleichtern.

Wo finden Palmen den geeigneten Standort?

Arten mit geringem Lichtbedarf:

Nordfenster; bei Ost- bzw. Westlagen Palmen abseits vom Fenster plazieren

Arten mit mittlerem Lichtbedarf:

Ost- bzw. Westfenster; bei Südlagen abseits vom Fenster plazieren

Arten mit hohem Lichtbedarf:

Südfenster, evtl. Südost- bzw. Südwestlagen wählen

Wie bereits erwähnt, sollten Palmen in geschlossenen Räumen nicht der vollen Sonnenstrahlung ausgesetzt werden. Die Auf-

heizung der Blätter würde, unterstützt durch die stehende Luft und die in Wohnräumen ohnehin zu geringe Luftfeuchte, sehr bald zu eintrocknenden Blatträndern führen. Wird die Ursache nicht erkannt und abgestellt, ist mit dem Absterben der betroffenen Blätter zu rechnen. Aus dem gleichen Grund müssen Palmen auch in ausreichender Distanz zu strahlenden Heizkörpern stehen. An sonnenreichen Tagen empfiehlt sich deshalb während der Mittagsstunden eine Schattierung z. B. durch Vorhänge oder Markisen. Wer sich die Mühe ersparen möchte, rücke die Pflanzen einfach aus dem Sonnenkegel heraus auf eine schattigere Stelle.

Trotz aller Fürsorge läßt es sich jedoch nicht vermeiden, daß Blattfiedern und Fächerstrahlen im Laufe der Zeit an den Spitzen vertrocknen. Das ist keine Krankheit oder die Folge falscher Behandlung, sondern eine natürliche Erscheinung, die man sogar bei Palmen im tropischen Regenwald findet, wo eine relative Luftfeuchtigkeit von mehr als 90% vorherrscht.

Die Luftfeuchte ist ein bedeutungsvoller Wachstumsfaktor. Man sollte deshalb bestrebt sein, in der Umgebung seiner Palmen eine Luftfeuchte von mehr als 60% zu erzeugen. Durch hohe Luftfeuchte sind Palmen widerstandsfähiger gegen Krankheiten, vertragen mehr Sonne, fühlen sich wohler und wachsen besser.

Palmenliebhaber, die einen Wintergarten oder ein Gewächshaus besitzen, können ihren Zöglingen natürlich unvergleichlich bessere Bedingungen als in Wohnräumen bieten.

Wenn Palmen zu groß werden

Das Wachstumstempo von Palmen ist artabhängig verschieden. Es wird entscheidend beeinflußt vom Standort und der Behandlung, aber auch das Alter der Palme spielt eine Rolle. Je älter Palmen werden, um so mehr nimmt die Blattkrone an Umfang zu. Eine *Phoenix canariensis* ist mit 3 m Durchmesser noch lange nicht am Ende ihres Wachstums. Es wird also schwierig mit der Haltung im Wohnzimmer. Palmen lassen sich nicht stutzen oder wie Gehölze »verjüngen«. Man kann nur dafür sorgen, ihr Wachstum von einer bestimmten Größe ab, z. B. durch sparsameres Düngen oder durch Herabsetzen der Umgebungstemperatur zu bremsen. Auch das Pflanzgefäß setzt durch sein begrenztes Volumen dem Wachstum Grenzen. Wenn sich der Ballen infolge verstärkten Wurzelwachstums aus dem Gefäß herauszuheben beginnt, muß umgetopft werden. Bei kräftigen Palmen kürzt man den Wurzelballen rundherum etwas ein, pflanzt in dasselbe Gefäß zurück und füllt den freiwerdenden Raum mit nahrhafter Erde auf. Die Palme wächst von nun an nur langsam weiter.

Dennoch wird es irgendwann notwendig werden, sich von dem zu groß gewordenen Exemplar zu trennen.

Für große, dekorative Palmen gibt es immer Interessenten, z. B. die Besitzer geräumiger Eigenheime oder Institutionen, die mit Schaupflanzen dekorieren

Der Wachstumsfaktor Licht

Das von der Sonne ausgestrahlte Licht ist die Grundlage aller Lebensprozesse auf unserer Erde. Erst durch die Einwirkung von Licht werden bei Pflanzen verschiedene wachstumsrelevante Reaktionen ausgelöst, z. B. die Assimilation. Durch sie entstehen in den Pflanzenzellen bei Anwesenheit von Chlorophyll, das selbst ein Produkt der Lichteinwirkung ist, alle zur weiteren Pflanzenentwicklung notwendigen organischen Bausteine. Die Vorgänge der Assimilation können durch Zunahme der aufgenommenen Lichtmenge bis zu einer bestimmten Grenze beschleunigt werden. Die Lichtmenge (Strahlungsenergie) hängt ihrerseits ab von der Beleuchtungsstärke und der Beleuchtungsdauer. Beide Größen unterliegen jahres- und tageszeitlichen Schwankungen, die um so größer sind, je weiter man sich vom Äquator aus nach Norden oder Süden bewegt. Direkt am Äquator beträgt die Tageslänge

Alles Wissenswerte über die Kultur von Palmen unter Glas ist auf den Seiten 64/65 beschrieben

Dekorative, mehrstämmige Pflanze von *Chrysalidocarpus lutescens*

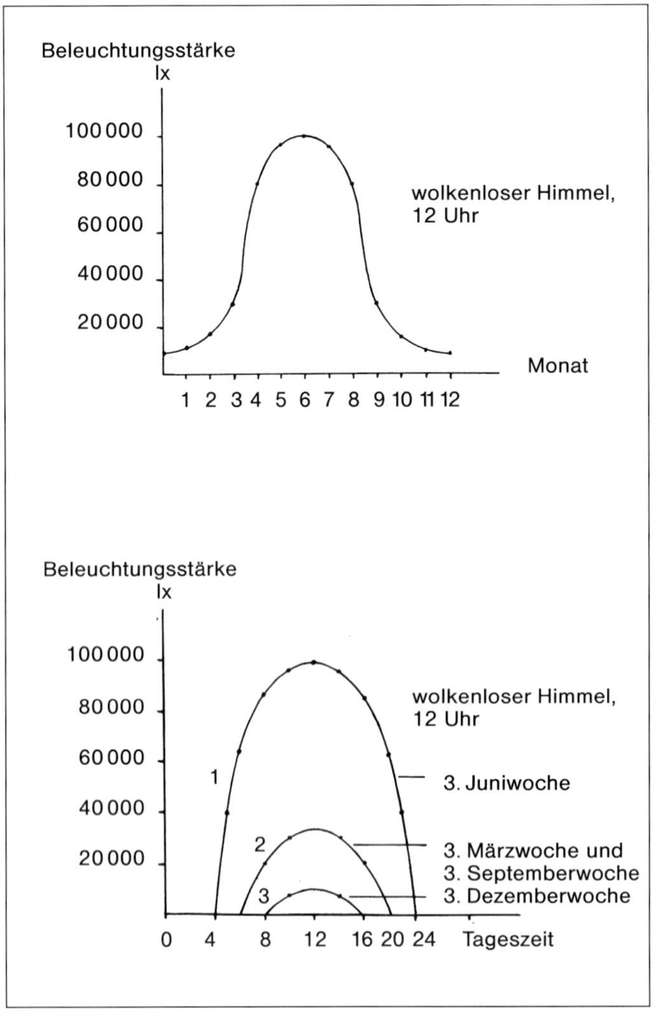

Darstellung der Beleuchtungsstärke Oben: in Abhängigkeit von der Jahreszeit bei wolkenlosem Himmel, Unten: in Abhängigkeit von der Tageszeit bei wolkenlosem Himmel

unabhängig von der Jahreszeit 12 Stunden, die Beleuchtungsstärke bleibt annähernd gleich.

Es ist sehr aufschlußreich, die jahreszeitlichen Schwankungen der Lichtmenge bzw. Beleuchtungsstärke einmal quantitativ zu betrachten, um sich klar darüber zu werden, welche Dynamik im Anpassungsvermögen den Palmen unter europäischen Bedingungen abverlangt wird (siehe obenstehende Abbildungen). Die maximale Beleuchtungsstärke von 100 000 lx (Lux) ist ein Mittelwert. Sie kann bei völlig klarem Himmel bis auf 150 000 lx ansteigen.

Aus der oberen Graphik geht hervor, daß in den Wintermonaten günstigenfalls mit 10% des Sonnenlichtes gerechnet werden kann. Da aber im Winter die Tage erheblich kürzer als im Sommer sind, muß die Beleuchtungsstärke in Verbindung mit der Beleuchtungszeit gesehen werden. Die untere Graphik verdeutlicht diesen Zusammenhang: Die von Kurve 1 eingeschlossene Fläche ergibt für einen sonnigen Sommertag ein Produkt von etwa 10^6 lx-Stunden. Aus Kurve 3 ergeben sich für einen sonnigen Wintertag ca. $4 \cdot 10^4$lx Stunden. Vollsonnige Wintertage mit 8 Stunden Dauer sind aber selten. Rechnet man mit dem ungünstigeren Wert von $1 \cdot 10^4$lx Stunden, ist das nur 1% der Strahlungsenergie eines Sommertages. Das reicht für viele Pflanzen in Gewächshäusern gerade aus, um ihre Lebensfunktionen zu erhalten. Manche Langtagpflanzen sind aber bei solchen Lichtverhältnissen kaum lebensfähig oder setzen keine Blütenknospen an. Trübe europäische Winter hemmen die lichtbedürftigen tropischen Pflanzen, z.B. *Roystonea*-Arten oder *Cocos nucifera*, stark in ihrem normalen Wachstum.

Bei Zimmerkultur von Palmen kommt erschwerend hinzu, daß es räumlich gar nicht möglich ist, die Pflanzen nahe genug an der Glasscheibe des Fensters aufzustellen. Je weiter entfernt sie vom Fenster stehen, um so geringer ist die Beleuchtungsstärke. Die Abbildung auf S. 41 veranschaulicht diese Verhältnisse für ein Fenster in Südlage. Dabei ist zu beachten, daß die dargestellte Abhängigkeit der Beleuchtungsstärke vom Fensterabstand das konkrete Umfeld des Raumes einschließt, d. h. der Kurvenverlauf wird von mehreren Faktoren mitbestimmt. Dazu gehören beispielsweise die Größe und Himmelsrichtung des Fensters bzw. der Fenster, das Umfeld des Hauses, die Höhe des Stockwerkes, die Farbe der Möbel und Wände usw. Da in jedem Raum andere Lichtverhältnisse herrschen, gilt die im Bild dargestellte Abhängigkeit nur qualitativ. Der prinzipielle Charakter der Funktion bleibt jedoch erhalten. Es ist zu erkennen:

Auf dem Fensterbrett sinkt die Beleuchtungsstärke auf ca. 80% gegenüber dem Wert an der Fensterscheibe. In 1,5 m Abstand vom Fenster beträgt sie nur noch etwa 30%. Eine Fenstergardine dämpft das Licht je nach Dichte und Faltenlage zusätzlich ab, so daß sich die winterlichen Luxstunden in Wohnräumen schnell auf 0,1% gegenüber den Sommerwerten im Freien reduzieren. Man braucht sich also nicht zu wundern, weshalb Pflanzen in dunklen Zimmerecken, an lichtabgewandten Wänden usw. nicht wachsen.

Besser als jede subjektive Einschätzung der Lichtverhältnisse ist die Messung. So kann mit Sicherheit der optimale Standort im Raum für Palmen gefunden werden.

Messen der Beleuchtungsstärke

Zur Messung der Beleuchtungsstärke eignen sich einfache, handelsübliche Luxmeter. Es ist aber auch möglich, einen Fotobelichtungsmesser mit Zerstreuungsscheibe zu verwenden. Man stellt eine Filmempfindlichkeit von 50 ASA (18 DIN) ein und liest für die Belichtungszeit $^1/_{30}$ s den zugehörigen Blendenwert ab. Jedem Blendenwert ist eine Beleuchtungsstärke in lx zu-

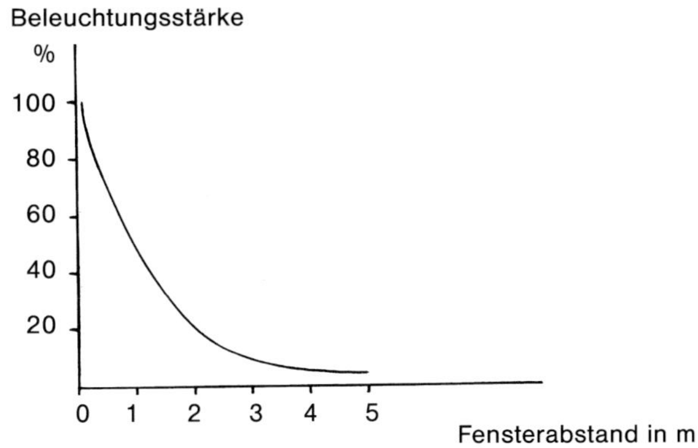

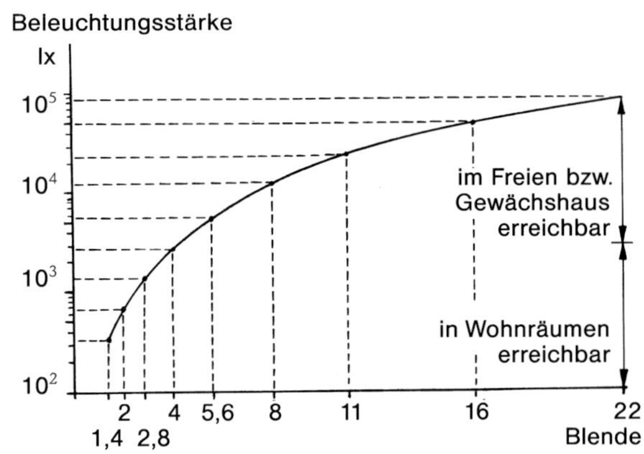

Beleuchtungsstärke in Abhängigkeit vom Fensterabstand (oben)

Eichkurve zur Ermittlung der Beleuchtungsstärke (unten)

Beispiele für den Lichtbedarf verschiedener Palmengattungen bzw. -arten
Die angegebenen Beleuchtungsstärken sind Mindestwerte, die nicht unterschritten werden sollten.

Geringer Lichtbedarf: 1000 lx	Mittlerer Lichtbedarf: 2000 lx	Hoher Lichtbedarf: ab 3000 lx
Chamaedorea elegans	*Archontophoenix cunninghamiana*	*Areca catechu*
Caryota (bevorzugt mehr als 1000 lx)	*Caryota*	*Caryota*
Howeia *Rhapis*	*Howeia* *Livistona* *Microcoelum* *Phoenix canariensis* *Phoenix roebelenii* *Trachycarpus*	*Chamaerops humilis* *Livistona* *Phoenix canariensis* *Phoenix dactylifera* *Rhopalostylis* *Trachycarpus* *Washingtonia*

geordnet, die aus nebenstehender Eichkurve zu ersehen ist.

In Wohnräumen sind an sonnigen Wintertagen 3000 lx oder wenig mehr erreichbar. In Gewächshäusern liegen die Beleuchtungsstärken bei ungefärbten Gläsern 10% bis 15% niedriger als im Freien, also maximal bei ca. 9000 lx.

Für die Haltung von Palmen in Wohnräumen lassen sich bezüglich des Mindestbedarfes an Licht Erfahrungsrichtwerte angeben. Sie gelten für den theoretischen Fall täglich gleichbleibender Lichtverhältnisse. Da in der Praxis die Beleuchtungsstärke von Tag zu Tag schwankt, sollte über eine Anzahl von (z. B. 14) Tagen ein Mittelwert (gemessen jeweils zur gleichen Zeit) gebildet werden.

Beleuchtung mit Kunstlicht

Zu wenig Licht hat negative Folgen für Gesundheit und Wachstum aller Pflanzen. Lichtmangel führt, unterstützt durch erhöhte Rotanteile im Licht und hohe Raumtemperatur, zur Beschleunigung des Längenwachstums. Bei Palmen äußert sich das durch unnatürlich lange, weiche Blattstiele, große Abstände der Blattfiedern bzw. weiche Fächerblätter, denen die Stabilität fehlt. Die Assimilationsfläche der Blätter nimmt insgesamt ab, und das Blattgrün bleibt heller. In akuten Fällen sehen die Blätter mehr gelb als grün aus. Lichtmangel kann zur Folge haben, daß die Pflanzen an Entkräftung eingehen.

Um dies zu verhindern gibt es nur eine Lösung: die Schaffung verbesserter Lichtverhältnisse. Wenn es nicht möglich ist, die Palme an einen ausreichend hellen Platz zu stellen, muß zusätzlich beleuchtet werden. Im Elektrofachhandel gibt es Beleuchtungssets in verschiedenen Größen und Ausführungsformen für Zimmerpflanzen zu kaufen, die im Lichtspektrum dem Tageslicht nahekommen. Glühlampenlicht ist wegen der hohen Rot- und Infrarotanteile nicht gut geeignet. Für die Beleuchtung eines Blumenfensters oder Wintergartens eignen sich Rasterleuchtkörper mit Leuchtstoffröhren, die ein weißes oder blaubetontes Lichtspektrum erzeugen. Erhöhte Blaustrahlung verbessert die Assimilationsleistung bei gleichbleibender elektrischer Leistungsaufnahme.

Die Beleuchtung von Pflanzeninseln oder Blumenecken in Wohnungen ist vorteilhafter mit Punktlichtquellen durchzuführen (z. B. mit Quecksilberdampflampen), deren Montagehöhe sich nach dem erforderlichen Lichtkegel richtet. Dabei ist zu beachten, daß die Beleuchtungsstärke mit dem Quadrat der Entfernung zwischen Lichtquelle und Beleuchtungsobjekt abnimmt.

Wie lange soll beleuchtet werden?
Bei Zugrundelegung eines 10-Stunden-Tages wird für Palmen ein mittlerer Lichtbedarf von 2000 · 10 lxh = 20 000 lxh benötigt. Wenn durch das natürliche Licht beispielsweise 8000 lxh aufgebracht werden, ist als Zusatzbeleuchtung die Differenz von 12 000 lxh erforderlich. Dieses Produkt kann je nach vorhandener Beleuchtungsstärke der elektrischen Lichtquelle durch einen entsprechenden Zeitfaktor realisiert werden. So ist es beispielsweise möglich,

10 Stunden mit 1200 lx oder
6 Stunden mit 2000 lx oder
12 Stunden mit 1000 lx

zu beleuchten. Allerdings sollten tropische Pflanzen nicht länger als 12 Stunden zusätzlich beleuchtet werden.

Die Steuerung der Beleuchtungszeit kann nach Erfordernis von Hand oder mit Hilfe einer Schaltuhr erfolgen.

Sonnenbrand bei Palmen

So unglaubhaft es klingt, zu viel Sonne kann bei unseren Palmen zu Hause schwere Schäden anrichten, obwohl sie in ihrer Heimat oft in voller Sonne stehen. Die Schäden treten ein, wenn die Pflanzen nach einer langen Dunkelperiode (Dezember bis Februar) plötzlich starkem Sonnenlicht ausgesetzt werden. Oft hält ein Hoch im Winter tagelang an, und da die Sonne noch nicht genügend über dem Horizont steht, werden die am Südfenster stehenden Pflanzen stundenlang direkt bestrahlt. Die Wirkung auf die Pflanzen ist vergleichbar mit dem Sonnenbrand, den sich ein Mensch einhandelt, der nach Monaten zum ersten Mal einen Tag lang in der prallen Sonne liegt.

Wie den Zimmerpflanzen ergeht es auch den großen Kübelpflanzen, die im Frühjahr ohne Übergang in die Sonne gestellt werden. Schon einen Tag nach intensiver Sonneneinwirkung kann der Fall eintreten, daß sich die von der Strahlung getroffenen Blätter farblich verändern. Eine Schattierung kommt in diesem Fall eigentlich schon zu spät, denn einmal entstandene Sonnenschäden sind unumkehrbar. Durch Sonnenüberdosis geschädigte Blätter sehen matt bis gelblich aus, in schweren Fällen werden sie braun und sterben ab, wodurch die Pflanzen geschwächt werden.

Wie sind Sonnenschäden erklärbar?
Während der Winterperiode haben sich die Pflanzen an das relativ gleichbleibende Kleinklima am Standort angepaßt. Durch die plötzliche Sonnenbestrahlung ändern sich auf einmal die wichtigsten wachstumsbestimmenden Faktoren. Eine Streßsituation entsteht. Die Beleuchtungsstärke steigt auf ein Vielfaches. Mit der Strahlung erhöht sich auch die Raumtemperatur, die rel. Luftfeuchte sinkt. Da sich die Blätter stärker als die sie umgebende Luft aufheizen, begünstigt durch fehlende Konvektion, kann der Wasserhaushalt der Pflanze zusammenbrechen. Wassermangel aber verträgt keine Palme, denn ohne Wasser kann sie nicht transpirieren, d. h. die Blätter können örtlich überhitzt werden.

Zu viel Licht und Wärme führen schließlich dazu, daß die von der Sonne direkt bestrahlten Blätter Verbrennungen erleiden. Bei Südfenstern ist deshalb Vorsicht angebracht. Es ist besser, einen Tag früher als zu spät zu schattieren. Bei Ost- bzw. Westfenstern mit Gardinen besteht die Gefahr des Sonnenbrandes nicht, und Räume an Nordseiten erhalten ohnehin nur indirektes Licht.

Trachycarpus fortunei

Die Wachstumsfaktoren Wasser und Luftfeuchte

Sowohl der Wassergehalt des Wurzelballens als auch das in der Umgebungsluft gelöste Wasser sind wichtige Wachstumsfaktoren. Beide Größen bestimmen in entscheidendem Maße das Wachstum der Pflanzen. Während Palmen Luftfeuchteschwankungen in relativ weiten Grenzen mehr oder weniger gut vertragen, führt ein völlig ausgetrockneter Wurzelballen zum Tod der Pflanze. Wenn Palmen auch mitunter in Wüstengebieten angetroffen werden, sind sie dennoch keine Kakteen, die das lebensnotwendige Wasser monatelang in ihren Zellen speichern können. Eine Palme in trocken-heißen Gebieten überlebt nur, wenn ihre Wurzeln in der Tiefe auf Wasser stoßen.

Der Wasserbedarf von Palmen ist abhängig von verschiedenen Faktoren, die sich unabhängig voneinander ändern. Es ist daher nicht möglich, eine allgemeingültige Gießvorschrift anzugeben, hier spielen auch individuelle Erfahrungen eine große Rolle.

Gießen mit Überlegung

Palmen sind von Natur aus durstig. Sie müssen deshalb immer feucht gehalten werden. Damit ist das Wichtigste bereits gesagt. Bei aufmerksamer Betrachtung gibt uns eine Palme oft schon durch kleine Veränderungen, z. B. der Blattfarbe oder im Habitus, Informationen über ihre Bedürfnisse. Bei Wassermangel verlieren beispielsweise die Blätter ihren normalen Glanz, sie sehen matt oder verstaubt aus. Fächerpalmen senken bei Bodentrockenheit ihre Blätter und schließen infolge Wassermangel die Fächerstrahlen, um die der Sonne ausgesetzte Blattfläche zu verringern. Fiederpalmen verhalten sich ähnlich. Sie falten die Blattfiedern in Abhängigkeit vom Wassermangel mehr oder weniger zusammen, so daß sie im Querschnitt wie ein spitzwinkliges V aussehen. Die hängenden Blätter wirken kraftlos. Wenn man Palmen in diesem Zustand antrifft, ist der Topfballen wahrscheinlich ausgetrocknet, und es muß unverzüglich gewässert werden. Dazu setzt man die Pflanzen in einen Untersatz und lockert oberflächlich die harte Erde, damit das Gießwasser nicht zwischen Wurzelballen und Topfrand von oben nach unten durchrennt. Völlig ausgetrocknete Erde saugt das Gießwasser nicht sofort auf, also wird etwas Geduld bis zum Nachgießen benötigt. Im Untersatz angesammeltes Wasser kann unbesorgt stehen gelassen werden, denn die unter Wassernot leidende Palme holt es sich zurück. In der Regel wird es allerdings ausgegossen, damit die Palme keine »kalten Füße« bekommt, denn sie sind oft die Ursache von Erkrankungen.

Bei völlig ausgetrocknetem Wurzelballen ist es auch sehr günstig – sofern es die Größe des Topfes noch zuläßt – ein Tauchbad vorzunehmen. Die Pflanze wird einfach bis zum Topfrand in eine mit Wasser gefüllte Wanne gestellt. Nach wenigen Minuten, wenn keine Luftblasen mehr aufsteigen, kann das Bad beendet werden. Diese Methode empfiehlt sich besonders bei humosen, torfhaltigen Substraten.

Wieviel soll man gießen? Wenn gegossen wird, dann durchdringend, damit auch die Wurzeln am Gefäßboden benetzt werden. Sammeln sich ein paar Wassertropfen im Untersatz, war die Wassergabe gerade richtig. Ein oft zu beobachtender Fehler ist zu zaghaftes Gießen mit geringen Wassermengen. Die Erdoberfläche sieht danach zwar feucht aus, aber der größte Teil der Wurzeln bleibt trocken. Richtig ist es, so viel zu gießen, daß das Wasser aus dem Topfboden austritt. Überschüssiges Wasser kann aus dem Untersatz anschließend wieder ausgegossen werden.

Wie oft soll gegossen werden? Nur so oft wie nötig. Durch Prüfen der Topferde erkennt man meist schon auf einen Blick,

***Verschaffeltia splendida*, eine interessante, an den Blattstielen mit spitzen Nadeln bewehrte, Palmenart**

ob gegossen werden muß. Auch die Fingerdruck-Probe ist geeignet, um die Feuchtigkeit der oberen Erdschicht zu testen. Wenn sich die Erde nicht mehr formen läßt oder durch die Finger rieselt, ist Wasser nötig. Da viele Faktoren auf den Wasserverbrauch einwirken, wird man unter bestimmten Umständen häufiger gießen müssen, z. B. wenn die Palmen

- einen sehr warmen Standort haben,
- in der Sonne oder/und im Freien stehen,
- in Tontöpfen stehen (im Gegensatz zu Plastikgefäßen),
- trockener Luft oder/und dem Sommerwind ausgesetzt sind,
- große und zahlreiche Blätter tragen,
- in leichter Erde bzw. torfhaltigem Substrat wachsen oder
- artbedingt gern naß stehen.

Wann soll gegossen werden? Das ist mehr eine Frage der Zweckmäßigkeit. Es gibt keine Gründe, nur morgens oder abends zu gießen. Und sollten an heißen Sommertagen die großen Kübelpflanzen im Freien nach Wasser verlangen, gibt es selbst um die Mittagszeit kein Zögern, denn Palmen vertragen (besonders in der Wachstumsphase) keine längere Durststrecke. Allerdings ist eine wichtige Bedingung einzuhalten: Das abgestandene Gießwasser muß die Temperatur des Wurzelballens haben, sonst erreicht man das Gegenteil des gewollten Nutzeffektes.

Soll man Palmen von oben gießen? Ja, das ist nicht nur die natürlichste Art der Bewässerung, sie hat auch physiologisch-biologische Vorteile. In der Natur wird das den Wurzeln fehlende Wasser von oben durch den Regen nachgeliefert. Auf dem Weg in den Boden nimmt es gelöste Stoffe, u. a. Salze mit, die auch die entferntesten Wurzeln in der Tiefe erreichen. Erfolgt die Wasserversorgung von unten, befördert das aufsteigende Wasser die Nährsalze in umgekehrter Richtung allmählich nach oben, so daß die Salzkonzentration in der oberen Erdschicht am höchsten ist, während sie in der Tiefe verarmt. Durch Wasserverdunstung an der Erdoberfläche kommt es zur Auskristallisation der zuvor gelösten Salze, welche die obere Erdschicht samt Pflanzgefäß verkrusten. Sollte dieser Fall eintreten, entfernt man die verkrustete Schicht, ersetzt sie durch frisches Substrat und gießt nur von oben. Das setzt einen Gießrand von ca. 1,5 cm voraus.

Geeignetes Gießwasser

Die Bereitstellung von geeignetem Wasser ist Voraussetzung für eine erfolgreiche Kultur. Qualitätskriterien von Gießwasser sind Sauberkeit (Schwebeteile), Härtegrad und pH-Wert. Da in den wenigsten Fällen sauberes Regenwasser zur Verfügung stehen wird, ist Leitungswasser die einzige Alternative. Leitungswasser enthält aber verschiedene Salze in gelöster Form, vor allem Calcium- und Magnesiumsalze. Sie bestimmen den Härtegrad des Wassers. Zu hohe Wasserhärte hat einen ungünstigen Einfluß auf den Salzgehalt des Substrates. Sein pH-Wert verändert sich, es kommt zu Salzablagerungen am Pflanzgefäß, an der Substratoberfläche und an den bodennahen Wurzeln.

Die meisten Pflanzen bevorzugen Substrate mit leicht saurer Reaktion (das entspricht einem ph-Wert kleiner als 7). Deshalb ist es günstig zu wissen, welche aktuelle Härte das Gießwasser hat. Um sich eine Grobinformation über die Wasserqualität zu verschaffen, kann man den »Wasserglastest« durchführen. Ein Wasserglas wird mit warmem Leitungswasser ausgespült und ohne abzutrocknen abgestellt. Wenn nach dem Trocknen weiße Ringe bzw. Ablaufspuren auf dem Glas sichtbar sind, beträgt die Härte bis zu 10° dH. Sieht das Glas trübe oder verschleiert aus, liegt die Härte über diesem Wert. Genauere Auskunft über die Leitungswasserqualität können die jeweilig zuständigen Dienststellen der örtlichen Wasserversorgung geben.

Unter 1°dH (1 Grad deutscher Härte) versteht man 10 mg CaO bzw. 7,18 mg MgO pro Liter Wasser

Liegt die Härte des Wassers zwischen 5°dH und 10°dH, ist es für Gießzwecke

Mit Hilfe von Indikatorpapier kann man den aktuellen pH-Wert des Wassers, d. h. die Wirksamkeit der eingeleiteten Maßnahmen, testen

Möglichkeiten zur Enthärtung des Wassers

Palmen in Wintergärten oder Gewächshäusern siehe auch Seite 64

gut geeignet. Oberhalb 15°dH sollte es enthärtet werden.

Möglichkeiten zur Enthärtung des Wassers sind:

- Abkochen,
- Neutralisierung mittels Torf
- Entkalkung durch konzentrierte Schwefelsäure (Vorsicht!)
- Einsatz von Ionenaustauschern
- Verwendung von Enthärtungstabletten bzw. -lösungen (diese müssen für Zierpflanzen zugelassen sein).

Die Luftfeuchte

Sie ist ein sehr wichtiger Wachstumsfaktor. Je trockener die Luft ist, desto höher steigt die Verdunstungsleistung einer Palme, durch die ein Kühleffekt entsteht. Je wärmer bzw. sonniger sie steht, um so mehr Wasser wird für die Verdunstung benötigt. Das Wasser aber muß unablässig über die Wurzeln an die Blätter nachgeliefert werden. Viele tropische, teilweise auch subtropische Palmen, die nicht an trockene Luft angepaßt sind, können die erforderliche Transpirationsleistung nicht in vollem Umfang aufbringen und erleiden dadurch Schäden.

In Wohnräumen ist während der Heizperiode die rel. Luftfeuchte immer geringer als im Freien, da die Raumtemperatur wesentlich über der Außentemperatur liegt. Sie beträgt bei ca. 20 °C kaum mehr als 40%. In der Nähe von Heizkörpern liegt sie noch darunter. Für den Menschen sind 50% bis 60% rel. Feuchte am angenehmsten, Palmen hingegen wünschen mehr, die anspruchsvolleren über 70%. Derart hohe Werte sind in Wohnungen nicht erreichbar. Dies macht deutlich, daß man wenigstens in der engeren Umgebung von Palmen ein günstiges Kleinklima schaffen muß, wenn sie sich gut entwickeln sollen.

Natürlich sind die Ansprüche der verschiedenen Palmenarten an die Luftfeuchtigkeit unterschiedlich. Ob eine Palme mit weniger Luftfeuchtigkeit auskommt oder ob sie höhere Ansprüche stellt, läßt sich in gewisser Weise »erfühlen«. Sind ihre Blätter hart und derb, fühlen sie sich wie Leder oder Pappe an, dann können wir erwarten, daß sie trockenere Luft verträgt. Sind dagegen Fiedern oder Blattstrahlen zart, weich und biegsam, stellt sie höhere Ansprüche an die Luftfeuchte. Es ist deshalb zweckmäßig, in der Nähe anspruchsvoller Palmen ein Hygrometer anzubringen.

Erhöhung der Luftfeuchte Palmen, die höhere Ansprüche an die Luftfeuchte stellen, sind meist besonders dekorativ, aber auch nur mit größerem Aufwand zu halten.

Da hohe Luftfeuchte in Wintergärten bzw. Gewächshäusern ohne größere Schwierigkeiten realisierbar ist, beziehen sich die folgenden Ausführungen nur auf Wohnräume.

Eine Erhöhung der Luftfeuchte erfordert die Schaffung von ausreichenden Wasser-Verdunstungsflächen. Jedes Blatt einer Pflanze ist z. B. eine kleine Verdunstungsfläche. Je mehr Pflanzen in einem Raum stehen, und je größer die Blätter sind, desto günstiger wird das Raumklima beeinflußt. Man kann nun alle Pflanzen im Zimmer zu einer Pflanzeninsel zusammenrücken, die größte in der Mitte, umgeben von den niedrigeren und erreicht durch diesen dichteren Pflanzenbestand eine günstigere Feuchtewirkung auf jede Einzelpflanze. Die Pflanzeninsel ist sozusagen in eine Wolke höherer Luftfeuchte gehüllt. Die Messung mit dem Hygrometer beweist es.

Man kann noch einen Schritt weitergehen und umgibt die Pflanzeninsel mit Wasser, damit die durch die Pflanzen erzeugte Luftfeuchte in der Umgebung der Insel vom Boden her unterstützt und stetig nachgeliefert wird. Dazu benötigt man eine flache Bodenwanne (z. B. Plastik mit 3 cm Kantenhöhe oder mehr) und einige flache Steine oder Gitterroste, auf die man die Töpfe mit Untersatz stellt. In die Bodenwanne füllt man Wasser und viel groben Kies, der die Verdunstung fördert. Ein paar ausgesuchte bizarre Steine auf den Kies gelegt, erhöhen die Dekorationswirkung.

Die Pflanzen der Insel werden bei erhöhter Zimmertemperatur oder plötzlicher Sonnenbestrahlung stark entlastet, weil aus der Bodenwanne automatisch mehr Wasser verdampft. Derartige Anordnungen werden auch Wassergärten genannt. Sumpfpflanzen (z. B. Zyperngras) und Farne eignen sich besonders als Zusatzbepflanzung, da sie eine hohe Transpirationsleistung aufbringen. Wer nur einzelne Palmen zu versorgen hat, wird abgerüstete Varianten des Wassergartens bevorzugen. Als einfachstes Beispiel mag die in einem viel zu großen Übertopf stehende, in Kies, Blähton oder Torf eingebettete Palme im Tontopf dienen. Die Füllung wird stets feucht gehalten, um das gewünschte Mikroklima zu erzeugen. Statt eines Übertopfes läßt sich auch ein großer Untersatz verwenden, den man z. B. mit dekorativem Plattenmoos ausfüllt und feucht hält. Aber erst eine Feuchtemessung entscheidet, ob die durchgeführte Maßnahme schon ausreicht.

Sollte dies nicht der Fall sein, gibt es eine weitere Möglichkeit: Zimmerspringbrunnen oder elektrische Luftbefeuchter, die unsichtbaren Wasserstaub erzeugen.

Wenn trotzdem bei einer sorgsam gehegten Palme wider Erwarten auf einmal gleich mehrere Blätter vergilben, dann müssen wir uns daran erinnern, daß nichts auf dieser Erde ewig dauert. Auch das Leben der einzelnen Palmenblätter ist zeitlich begrenzt. Bei manchen Palmenarten sehen zweijährige Blätter noch prächtig aus, bei anderen (vor allem zartgefiederten) sterben die ältesten Blätter wesentlich früher ab. Das alles ist normal, wenn im betrachteten Zeitraum mindestens so viel neue, gesunde Blätter nachgewachsen wie abgestorben sind.

Unansehnlich gewordene Blätter darf man mit gutem Gewissen abschneiden.

***Rhapis excelsa* eignet sich gut für kühle Räume**

Sprühen oder nicht? Wem es um das Wohlbefinden der Palmen geht, der sprühe mit kalkfreiem Wasser so oft wie möglich, sofern es die Wohnräume zulassen. Das Sprühen wirkt ähnlich wie ein warmer Regen oder ein Überbrausen der Pflanzen, der Staub wird von den Blättern gewaschen, die Luftfeuchte erhöht und das wiederum stimuliert das Wachstum. Palmen nehmen keine Feuchtigkeit über die Blätter auf. Es muß also ausreichend gegossen werden, auch wenn häufig gesprüht wird. Alle Palmen, besonders die aus tropischen Regenwäldern, lieben es, abgebraust zu werden. Wer die Möglichkeit hat, stellt seine Pflanzen ein paarmal jährlich in den warmen Sommerregen ins Freie. Ist das nicht möglich, sollten die Blätter ab und zu mit einem weichen, feuchten Schwamm abgewischt werden.

Düngen mit Maß

Durch verringerte Beleuchtungsstärke in den Wintermonaten wird bei allen Zimmerpflanzen das Wachstum reduziert, teilweise kommt es sogar zum Stillstand. Im Spätwinter, wenn die Lichtmenge zunimmt, setzt es erneut ein. Infolge des Aufbaus neuer Blätter, Wurzeln oder Blüten besteht erhöhter Nährstoffbedarf. Da aber nach erfolgter Durchwurzelung der Pflanzgefäße die Nährstoffe verbraucht sind, müssen sie durch Düngung nachgeliefert werden. Düngt man nicht oder sehr sparsam, wird das Wachstum verlangsamt. Weil Palmenliebhaber ihre Pflanzen gern schnell wachsen sehen, düngen sie oftmals zu stark oder zu häufig. Dünger in Überdosis wird jedoch für jede Pflanze zum Gift und kann zu ihrem Absterben führen. Zu schwache Düngerkonzentration schadet hingegen niemals. Deshalb muß stets mit Bedacht gedüngt werden.

Flüssigdüngung

Geeignet sind mineralische Volldünger, die es flüssig, in Pulverform oder granuliert zu kaufen gibt. Es sollte grundsätzlich flüssig gedüngt werden, damit die gelösten Nährsalze mit dem Gießwasser sofort an die Wurzeln gelangen.

Die Gaben können etwa in 14tägigem Abstand entsprechend der Anwendungsvorschrift für den verwendeten Dünger wiederholt werden. Auch Hydrodünger sind für Palmen verwendbar. Um Düngefehler auszuschließen, sind einige Grundregeln zu beachten:

***Chamaerops humilis* mit Nebentrieben**

1. Um Wurzelschäden zu vermeiden muß der Wurzelballen vor der Verabreichung der Düngerlösung durchfeuchtet sein.
2. Es ist für die Pflanzen vorteilhafter, in kürzeren Zeitabständen mit schwächerer Konzentration als in größeren mit stärkerer Konzentration zu düngen.
3. Man düngt nur, wenn die Palme sichtbar wächst. Tropische Palmen wachsen an einem warmen, hellen Standort auch im Winter. In diesem Fall darf man auch während dieser Zeit vorsichtig düngen. Für alle anderen Palmen ist der Spätwinter (Februar/März) der richtige Düngebeginn, wenn durch die Zunahme des Tageslichtes das Wachstum beginnt.
4. Es ist richtig, nur an trüben Tagen zu düngen, da starke Sonneneinstrahlung bei frisch gedüngten Pflanzen zu Blattverbrennungen führen kann.
5. Die Düngerlösung sollte nicht über die Blätter und nicht in die Blattbasen hineingegossen werden, um Verätzungen zu vermeiden.
6. Gerade gekaufte oder eben umgetopfte Palmen düngt man erst nach Überwindung des Schocks.
7. Während trüber, kühler Witterungsperioden im Sommer kann es zur Stagnation des Wachstums kommen. In diesem Fall ist es ratsam, auf eine Düngergabe zu verzichten.
8. Die Häufigkeit von Düngergaben richtet sich nach den individuellen Bedürfnissen der Palmenart. Je langsamer der Wuchs, um so größer der Zeitabstand bzw. um so schwächer die Düngerlösung (vgl. Pkt. 2).
9. Im Freien stehende Palmen werden nicht bei Regenwetter gedüngt.
10. Subtropische Arten, die sich gegen Sommerende auf einen kühlen Winter einstellen sollen, werden vor dem Einräumen in das Winterquartier nicht mehr gedüngt.

Organische Düngung

Im Gartenfachhandel erhältliche organische Dünger wie Blutmehl, Düngemehl, Guano, Hornspäne, Knochen-Mehl usw. sind als Zugabe bei der Herstellung von Palmenerde gut geeignet. Bei der Anwendung dieser Mittel kann der Palmenfreund kaum etwas falsch machen, dennoch sind die Verwendungsvorschriften zu beachten. Organische Dünger werden durch die Bodenflora erst biologisch abgebaut, bevor die durch diesen Prozeß freiwerdenden Nährstoffe für Pflanzen aufnahmefähig sind. Der Abbau der organischen Substanzen geht nur langsam vor sich, d. h. die Nährstoffe stehen der Pflanze nicht sofort zur Verfügung. In der Hauptwachstumszeit kann man deshalb trotzdem flüssig düngen. Die Verwendung von Gülle als Palmendünger ist problematisch, weil zu hohe Konzentrationen enorme Schäden anrichten. Zur Vermeidung von Fehlern ist es daher am besten, auf diesen Dünger zu verzichten.

Weitere Hinweise zur Herstellung des Substrates auf Seite 52

Hydrokultur

Darunter versteht man die Kultur von Pflanzen in Gefäßen, die Nährlösung (nicht Erde) enthalten. Zur Stabilisierung des Wurzelsystems und Lufthaushalts ist das Kulturgefäß mit einem porösen Granulat aus Blähton oder Kunststoffasern aufgefüllt. Die Vorteile der Hydrokultur bestehen in dem geringen Wartungsaufwand sowie der Sauberkeit und Zeitersparnis, da das tägliche Gießen und auch das planmäßige Düngen entfallen.

Die Hydrokultur wird seit vielen Jahren für Blatt- und Blütenpflanzen erfolgreich praktiziert, aber über ihre Anwendung für Palmen liegt noch kein geschlossener Erfahrungsschatz vor. Sicher ist, daß diejenigen Palmenarten für Hydrokultur prädestiniert sind, die gern naß stehen. Dazu gehören z. B. *Areca, Chrysalidocarpus, Chamadorea elegans, Howeia, Hyophorbe, Phoenix dactlifera* und *Phoenix canariensis, Licuala grandis und Microcoelum weddelianum.*

Empfindlich reagieren allerdings alle Arten auf kalte Füße. Kalte Fußböden sind deshalb ungeeignete Standorte. Um Wurzelfäule zu vermeiden, müssen Fußtemperaturen von mindestens 18 °C eingehalten werden.

In Erde gewachsene Palmen, die bereits einen Wurzelballen haben, sind für die Umstellung auf Hydrokultur nicht geeignet

Wie beginnt man mit Hydrokultur?
Entweder kauft man eine im Hydrogefäß wachsende Palme oder zieht Sämlinge in Sand an, die in Hydro weiterkultiviert werden. In Erde gewachsene Palmen, die schon einen Wurzelballen haben, sind nicht für die Umstellung auf Hydrokultur geeignet, denn beim Auswaschen des Ballens, der völlig frei von Erde sein muß, entstehen zu starke Wurzelschäden.

Hydrogefäße gibt es in allen Größen. Es empfiehlt sich, ihr Volumen größer als bei Erdkultur zu wählen, damit sich noch andere Pflanzen in demselben Gefäß unterbringen lassen. Auf diese Weise entstehen bei geschickter Wahl der Palmen-Unterpflanzung in Wohnräumen blühende, tropische Inseln.

Gute Hydrogefäße verfügen über eine Wasserstandsanzeige. Aufgefüllt wird mit angewärmtem Wasser bis zur Höhe der markierten Füllstandslinie. Die Nachfüllung wird erst erforderlich, wenn infolge des Verbrauchs durch die Pflanzen der Minimalstand erreicht ist. Auch um die Nährstoffversorgung braucht man sich kaum zu kümmern. Eine eingesetzte Nährstoffbatterie liefert über den Ionenaustausch soviel Nährsalz ins Wasser, wie die Pflanze verbraucht. Der Vorgang erfolgt selbsttätig ohne die Gefahr einer Überdosierung. Die Nährstoffbatterie ist nach 4 bis 6 Monaten (je nach Pflanzenwachstum) verbraucht und muß dann durch eine neue ersetzt werden.

Wer es vorzieht, die Düngerlösung selbst herzustellen, verwende nur die Hälfte der auf der Anwendungsvorschrift empfohlenen Düngermenge. Geeignet sind Hydrodünger, mineralische Flüssigdünger und Hydro-Langzeitdünger. Erst nach Erreichen des Füllstandsminimums wird mit reinem Wasser über das Tongranulat aufgefüllt. Für jede zweite oder dritte Nachfüllung, je nach Wachstum, verwendet man Düngerlösung.

Bei Großgefäßen ist die Anwendung von Nährstoffbatterien nicht möglich. Die Füllung und Düngerversorgung erfolgt so wie eben beschrieben.

Sollte einmal versäumt werden, den Wasserstand im Hydrogefäß rechtzeitig zu erhöhen, besteht kein Grund zur Sorge. Über die zahlreichen Kapillaren des Blähtons gelangt vom Gefäßboden noch ausreichend Wasser bis an die obersten Wurzeln.

Noch ein Rat: Einmal jährlich sollte das Hydrogefäß mit sauberem Wasser ausgespült werden, um Bodensatz und Wurzelausscheidungen zu beseitigen.

Umtopfregeln

Palmenjungpflanzen sind sehr wurzelempfindlich. Das Umpflanzen sollte deshalb so lange wie möglich vermieden werden. Palmenliebhaber setzen mitunter junge Sämlinge in viel zu große Töpfe und glauben, daß die Pflanzen nun länger ungestört wachsen können. Das ist ein Irrtum, denn die Palmenwurzeln erreichen auch bei großen Töpfen schnell den Boden und bedrängen sich gegenseitig genauso wie bei kleineren. Es reicht im allgemeinen aus, Sämlinge in Töpfe mit 5 bis 7 cm Durchmesser zu pflanzen. Das hat sogar Vorteile: Kleine Topfvolumen erwärmen sich schneller und lassen sich nach Durchwurzelung problemloser umtopfen. Ob eine Palme umgetopft werden will, erkennt man an verschiedenen Anzeichen:

1. Wenn sich der Wurzelballen im Pflanzgefäß nach oben schiebt und der Gießrand immer flacher wird oder sich am Topfboden eine Wurzelspirale bildet. Sie entsteht, wenn der Erdballen völlig durchwurzelt ist und die Wurzeln in ihrem Ausbreitungsbestreben nach unten behindert werden. Durch die entstehende Luft zwischen Wurzelballen und Topf rinnt das Gießwasser meist auf direktem Wege in

den Untersatz, ohne den Wurzelballen zu durchfeuchten.

2. Bei starken Pflanzen kommt es vor, daß das Pflanzgefäß durch den wachsenden Wurzeldruck gesprengt wird. Dadurch besteht die Gefahr einer beschleunigten Ballenaustrocknung.

3. Auch wenn aus dem Abzugsloch am Topfboden eine starke Wurzel herauswächst, ist es an der Zeit, umzutopfen. Die Wurzel würde nach einiger Zeit den Wasseraustritt aus dem Topf verhindern und es käme zu stauender Nässe.

4. Es gibt Fälle, in denen irgend etwas mit der Topferde nicht zu stimmen scheint. Sie trocknet nicht aus, fühlt sich seifig an oder schimmelt, es bilden sich Auskristallisierungen, die Erde riecht vielleicht muffig, faulig oder sauer. Die Ursachen hierfür könnten z. B. sein: Zuviel Wassergaben, verstopfte Wasseraustrittsöffnung im Topfboden, falsche Erde, zu hohe Düngerkonzentration, zu kalkhaltiges Wasser. Um zu prüfen, ob die Palme bereits Wurzelschäden hat, muß sie schonend aus dem Topf gehoben, untersucht, von abgestorbenen Teilen befreit und gegebenenfalls in frische Erde umgesetzt werden. Palmen mit Wurzelschäden erholen sich jedoch nur schwer.

Der richtige Zeitpunkt

Der Zeitpunkt zum Umpflanzen ist gekommen, wenn die Pflanzen mit dem Neuaustrieb beginnen. Alle Pflanzen verkraften in diesem Stadium eine Wurzelstörung leichter. Das ist besonders bei der Wahl des Umpflanzzeitpunktes der so empfindlichen Jungpflanzen zu beachten.

Für den zeitlichen Beginn des Neutriebs ist natürlich der Standort der Palme, die geographische Lage und der klimatische Verlauf des Winters von Belang. Orientierungsmonate sind März bis Mai.

Bei kräftigen Solitärpalmen in schweren Pflanzenkübeln fällt die Entscheidung – umtopfen oder nicht – mitunter etwas schwer, schon wegen der damit verbundenen Mühen. Oft wird daher ein Umsetzen in der Hoffnung hinausgeschoben, daß der Kübel für die Palme noch eine Sommerperiode ausreicht. Plötzlich, mitten in der Wachstumsperiode, hebt sich der Wurzelballen Tag für Tag mehr aus dem Gefäß, der Palme droht Wassermangel. In solchen Fällen hilft kein Zögern, es muß umgepflanzt werden, jedoch so, daß die Wurzeln dabei nicht geschädigt werden.

Nach dem Umtopfen ist darauf zu achten, daß die Palme wieder am selben Platz und in der vorherigen Himmelsrichtung steht. Gegossen wird nur mit düngerfreiem, abgestandenem Wasser, auch wenn die Palme sofort weiterwächst. Die frische Erde, in die der Wurzelballen gebettet wurde, versorgt die Palme bis zum Sommerende ausreichend mit Nährstoffen. Ab Mitte Juli sollte man im Freien aufgestellte Palmen nicht mehr umtopfen, da sie die letzten Wochen der frostfreien Periode benötigen, um das Wurzelwachstum abzuschließen.

Jungpflanzen von *Cocos nucifera* ernähren sich bis zu 3 Jahren vom Nährgewebe des Samens

Rhopalostylis baueri läßt sich in Wintergärten und Wohnräumen leicht kultivieren

Substrate

Palmen stellen bis auf einige Ausnahmen im allgemeinen keine hohen Ansprüche an den Boden.

Die meisten Palmenarten lassen sich in einem Gemisch aus Lehm, Ton, Torf und grobem Sand kultivieren. Die in Blumengeschäften käufliche Einheitserde enthält ca. 60% Weißtorf mit Styroporflöckchen, der Rest sind Lehm und Sand. Einheitserde ist wegen des hohen Torfanteils gut für die Kultur von Jungpflanzen geeignet. Auch TKS-Erde (Torfkultursubstrat) ist verwendbar, wenn man 25% Lehm und 25% Sand zumischt.

Je älter und kräftiger Palmen werden, desto höher darf der Lehmanteil des Substrates steigen. Eine empfehlenswerte Standardmischung besteht aus:

Zusammensetzung eines empfehlenswerten Palmensubstrates

1 Teil Lehmerde
\+ 1 Teil Torf (oder TKS)
\+ 1 Teil grobem Flußsand (Kies).

Gibt man auf ein Volumen von 5 l dieser Mischung 2 Eßlöffel organisches Düngemehl, Hornspäne oder Knochenmehl, ist für eine langanhaltende, gleichmäßige Nährstoffbereitstellung gesorgt, durch die sich Palmen prächtig entwickeln. Diese organischen Zugaben sind besonders beim Umpflanzen von alten Palmen zu empfehlen, die in große Container eingepflanzt werden, in denen sie jahrelang verbleiben und doch wachsen sollen. Für solche Langzeitkulturen kann man den Lehmanteil verdoppeln. Lehmboden ist fruchtbar und gibt dem Kulturgefäß infolge seines hohen Gewichtes verbesserte Standfestigkeit. Torf hingegen lockert den Boden und neutralisiert durch seine saure Reaktion alkalische Salze. Styropor bzw. Sand sorgen für die Durchlüftung der Erde. Außerdem spielt Sand beim Zellaufbau von Palmen eine Rolle. Wie mikroskopische Untersuchungen erbrachten, werden Silikate in den Blättern eingelagert. Sand sollte also in keinem Substrat fehlen.

Pflanzgefäße

Der altbewährte Tontopf hat auch heute noch seine Berechtigung, er ist preiswert und luftdurchlässig. Nachteile sind: Wasserdurchlässigkeit, schnelle Austrocknung des Wurzelballens, die Wurzeln lösen sich beim Umtopfen schlecht von der Wandung, Verkrustungen der Topfoberfläche sind schlecht zu entfernen, große Tontöpfe sind schwer und zerbrechlich.

Demgegenüber sind Plastikgefäße leicht, stabil, wasserundurchlässig, d. h. man braucht nicht so häufig zu gießen, die Wurzeln lösen sich beim Umtopfen leichter von der Wandung, äußere Verschmutzungen des Topfes sind gut abwaschbar.

Da Plastikgefäße heute auch in hellen Farben, sogar in weiß, angeboten werden, entfällt das frühere Problem der Überhitzung an sonnigen Standorten. Damit sind Palmen in Plastikgefäßen, vor allem im Freien, weit weniger vom Austrocknen bedroht als in Tongefäßen.

Für große Pflanzen ab ca. 1,8 m Höhe sind Tongefäße zu schwer und bruchgefährdet. Runde oder eckige Holzkübel aus Hartholz, die es in Gartenfachgeschäften und Supermärkten zu kaufen gibt, sind zweckmäßiger. Der einzige Nachteil von Holzkübeln ist ihr Preis. Sollten die Kübel bereits imprägniert sein, muß aus dem Etikett hervorgehen, daß keine keimtötenden Chemikalien verwendet wurden. Sie könnten den Wurzeln schaden. Ein zweimaliger Innenanstrich mit Firnis sowie die Auskleidung der Holzgefäße mit einer Folienbahn erhöhen ihre Lebensdauer.

Umpflanzen

Vor dem Umtopfen bzw. Umpflanzen wird das Substrat gemischt. Dann wird der Wurzelballen aus dem Topf gehoben. Damit der Ballen nicht auseinanderfällt wird er vorher angefeuchtet! Bei sehr großen, schweren Töpfen muß im Notfall der Topf zerschlagen werden, um den Wurzelballen beim Herausheben nicht zu zerreißen. Aus großen Holzgefäßen hebt man die Pflanzen nicht heraus, sondern zerlegt die Behältnisse. Sie lassen sich wieder zusammensetzen und erneut verwenden.

Vor dem Eintopfen in ein größeres Gefäß werden abgestorbene Wurzeln entfernt. Sollte sich am Topfboden eine Wurzelspirale gebildet haben, beläßt man sie bei noch schwachen Palmen, um das Wachstum nicht zu verzögern. Bei kräftigen Palmen, die schon mehrere vollständig ausgebildete Blätter haben, kann die Wurzelspirale abgeschnitten werden.

In die neuen Töpfe legt man eine Schicht Kies (ca. 1,5 cm), Topfscherben oder Blähton, damit die Wurzeln am Topfboden nicht im Wasser des Untersatzes stehen. Auf den Kies bringt man eine mindestens ebenso hohe Schicht Substrat, stellt darauf die Pflanze und füllt den freien Raum zwischen Ballen und Topf mit Substrat auf. Damit keine Hohlräume entstehen, sollte der Topf beim Einfüllen geschüttelt und die Erde leicht angedrückt werden, so daß die Palme einen festen Stand hat und ein Gießrand von etwa 2 cm Höhe bleibt. Danach wird durchdringend gegossen. Die Wurzelbildung wird gefördert, wenn der Fuß warm steht. Deshalb stellt man Palmen bei kühlen Fußböden auf eine Styroporplatte oder Wärmematte. Palmen in Pflanzenkübeln kann man aus Platzgründen nicht bei jedem Umpflanzen in ein noch größeres Gefäß setzen, sondern ist irgendwann gezwungen, sie in denselben Container zurückzupflanzen. Dazu muß der Wurzelballen rundherum auch am Boden mit einem scharfen Messer ca. 2 cm eingekürzt werden. Palmen mit großem Wurzelballen haben diesen Eingriff, wenn er in der günstigsten Zeit erfolgt, jedoch schnell überstanden. Anschließendes Einpudern der Schnittstellen mit Holzkohlepulver dient der Desinfektion.

Als Pflanzgefäße für Palmen eignen sich Tontöpfe, Plastikgefäße und Holzkübel aus Hartholz

Ortswechsel

In den vorhergehenden Abschnitten wurde schon angedeutet, welch wichtige Rolle der Standort bzw. Standortwechsel im

Leben einer Palme spielt. Es läßt sich in Wohnungen und anderen Räumlichkeiten mitunter nicht vermeiden, daß auch große Pflanzen von ihrem Stammplatz entfernt werden müssen. Doch jeder Ortswechsel, auch innerhalb desselben Raumes, will überlegt sein, wenn er keine negativen Folgen nach sich ziehen soll. Grundsätzlich gilt: Eine Palme, die den ihr zugedachten Standort akzeptiert, indem sie in richtigem Maße wächst, soll man nicht unüberlegt wegstellen oder herumschieben wie eine lästige Sache. Infolge Umstellung in einen anderen Raum, Wohnungswechsel bzw. der Aufstellung auf dem Balkon oder im Freien können u. U. Wachstumsstörungen wie beim Kauf einer Palme eintreten. Jede einschneidende Veränderung eines Wachstumsfaktors ist bedenklich. Deswegen dreht man einseitig zum Licht gewachsene Palmen nicht auf einmal um 180°, sondern täglich nur um einen kleinen Winkel, natürlich immer in der gleichen Richtung.

Jeder Ortswechsel einer Palme, auch innerhalb eines Raumes, sollte gut überlegt sein

Auf einen Ortswechsel reagieren Palmen nur dann nicht, wenn die Umgebungstemperatur, Luftfeuchte, Lichtverhältnisse und die Behandlung annähernd gleich bleiben.

Beim Lüften kommt es auf das richtige Maß an

Darf man dann die Räume überhaupt lüften? Ja, man soll es sogar tun, denn stehende Luft begünstigt Krankheiten und Schädlinge. Aber auf das richtige Maß kommt es an. Besonders wärmeliebende Palmen dürfen nicht in direkter Zugluft von geöffneten Fenstern bzw. Türen stehen, das gilt besonders während Frostperioden. Wenn Palmen durch Ortswechsel einen Schock erlitten haben, hält man sich am besten an die auf S. 37 gegebenen Ratschläge.

Palmenkosmetik

Die in der Natur durch Regen, Wind und Sonne selbsttätig ablaufenden Prozesse müssen bei den in geschlossenen Räumen kultivierten Palmen nachvollzogen werden, wenn sie gesund bleiben und schön aussehen sollen. In Gewächshäusern ist das noch am leichtesten realisierbar, aber in Wintergärten und Wohnräumen führt beispielsweise der fehlende Regen zu trockener Luft sowie Staubablagerungen auf allen Pflanzenteilen. Zu trockene Luft verursacht zunächst braune Blattspitzen bzw. -ränder. Eingetrocknete Blattspitzen werden mit der Schere so abgeschnitten, daß noch ein gelber Rand stehen bleibt. Auch gelbe Blätter sehen häßlich aus. Da sie nicht mehr assimilieren, dürfen sie ohne negative Folgen entfernt werden. Man schneidet die Stiele mit einem scharfen Messer im Abstand von einigen Zentimetern vom Stamm ab.

Ganz unangenehme Wirkungen hat der auf den Blatteilen abgelagerte Staub, von dem oft zu wenig Notiz genommen wird. Er bremst die Lichtwirkung, bei Sonneneinstrahlung werden die Blätter mehr aufgeheizt, sie verlieren ihren Glanz und die Assimilationsleistung der Pflanze läßt nach. Das wirkt sich in den trüben Wintermonaten besonders negativ aus. Die Blätter großer Pflanzen müssen deshalb während der Heizperiode des öfteren mit einem weichen, feuchten Schwamm (ohne Zusatz von Reinigungsmitteln) abgewaschen werden. Kleinere transportable Palmen sollten in der Badewanne abgebraust werden. Das Einsprühen der Blätter dient nur der Erhöhung der Luftfeuchte und ist keine wirksame Reinigungsmaßnahme. Dagegen ist es für Zimmerpalmen sichtbar wohltuend, wenn sie im Sommer einige Male in den warmen Regen gestellt werden.

Wasserversorgung im Urlaub

Die Wasserversorgung von Palmen in Hydrokultur bereitet auch bei längerer Abwesenheit keine Probleme. Vor dem Urlaub wird ein Test zeigen, ob der Wasservorrat für die geplante Zeit ausreicht.

Schwieriger ist es bei Pflanzen in Erdkultur, weil aus den Töpfen ständig Wasser verdunstet. Natürlich läßt sich die Wasserzufuhr durch Einsatz einer vollautomatisch arbeitenden Elektronik regeln. Sind allerdings nur einige Pflanzen zu versorgen, ist der erforderliche Aufwand viel größer als der Nutzen. Außerdem besteht bei jeder Automatik die Gefahr eines technischen Ausfalls. Es geht also nicht ohne menschliche Kontrolle.

Am einfachsten erfolgt die Wasserversorgung der Pflanzen im Urlaub durch eine eingewiesene Person, welche die täglichen Wasserverluste ersetzt. Bei großen Topf- bzw. Kübelpflanzen gibt es überhaupt keine andere Lösung. Dagegen lassen sich bei kleinen Topfpflanzen durch Anwendung einfacher Hilfsmittel kleine Bewässerungssysteme schaffen, die mehrere Tage wartungsfrei funktionieren.

Erste Möglichkeit: Palmen in Töpfen werden in einer Wanne auf gleichhohe Abstandsstücke gestellt. Zwischen Topfboden und Abstandsstück liegt eine gut saugfähige Zellulose- oder Dochtmatte, die großflächig bis auf den Wannenboden durchhängt. Man gießt so viel Wasser in die Wanne, daß die Topfböden vom Wasser gerade berührt werden.

Auch bei sinkendem Wasserspiegel saugen die Töpfe aus der durchnäßten Matte so viel Wasser auf, wie die Pflanzen benötigen. Außer der Wasserversorgung entsteht der günstige Nebeneffekt erhöhter Luftfeuchte in der Umgebung der Pflanzen infolge der Verdunstung des stehenden Wassers.

Zweite Möglichkeit: Jeder weiß, wie schnell Pflanzen in Tontöpfen austrocknen. Der Tonscherben ist sehr porös und saugt aus dem Wurzelballen Wasser auf, das an die Umgebungsluft abgegeben wird. In der Nähe der Topfwandung ist also der Wurzelballen immer trockener als weiter innen. Diese für Palmen ungünstigen Verhältnisse lassen sich umkehren, indem der Topf von außen feucht gehalten wird. Dazu nimmt man einen großen Übertopf, füllt einige Zentimeter hoch Blähton hinein und stellt die Palme darauf.

Wasserwanne als automatisches Bewässerungssystem

Der freie Raum zwischen beiden Gefäßen sollte bis zum Rand des Palmentopfes weiter mit Blähton aufgefüllt werden, nachdem noch ein dünnes Plastik- oder nichtrostendes Metallrohr eingesetzt wurde. Das Rohr muß den Boden des Übertopfes berühren. Nun wird soviel Wasser über das Tongranulat eingefüllt, daß der Wasserspiegel den Topfboden der Palme erreicht. Die Wasserstandshöhe ist mit Hilfe eines Meßstabes, den man in das Rohr bis auf den Boden des Übertopfes eintaucht, meßbar. Nach dem Herausnehmen kann die Füllstandshöhe abgelesen werden. Durch die hohe Saugkraft des Tongranulates kann das Wasser bis in die oberste Schicht vordringen und hält somit den gesamten Topf der Palme von außen feucht. Nimmt die Feuchtigkeit des Topfballens ab, entsteht eine Saugkraft, d. h. das Granulat gibt Wasser über den Topf an den Wurzelballen ab. Auch bei dieser Methode muß der Palmenfreund vor der Rei-

Möglichkeit der Wasserregulierung für Palmen in Tongefäßen

se einen Test durchführen, um sich von der Zuverlässigkeit des Wasserversorgungssystems zu überzeugen.

Andere Bewässerungsarten, z. B. mit Hilfe wassersaugender Dochte, die durch den Wurzelballen gezogen werden oder Tröpfchenbewässerung, sind weniger effektiv und unsicher.

Wenn Palmen blühen

Mit Ausnahme weniger Arten blühen eingetopfte Palmen selten. Zu diesen Ausnahmen gehören u. a. die Gattungen *Chamaerops, Chamaedorea* und *Trachycarpus.* Die Bergpalme *Chamaedorea elegans* blüht schon nach wenigen Jahren. Mitunter dringt aus jeder Blattachsel eine Infloreszenz hervor, wofür die zierlichen Pflanzen Energie aufbringen müssen. Es ist deshalb für das Wachstum der Palmen besser, wenn die Blütenstiele frühzeitig abgeschnitten werden. Da *Chamaedorea* zweihäusig blüht, sind ohnehin keine Früchte zu erwarten. Es sei denn, daß gleichzeitig eine männliche und eine weibliche Palme blüht. Die Pollenübertragung müßte von Hand vorgenommen werden.

Auch *Chamaerops humilis* blüht relativ jung, und es kommt vor, daß männliche und weibliche Blüten an demselben Blütenstand erscheinen. Häufiger tritt jedoch Zweihäusigkeit auf. Ähnlich verhält es sich bei der Hanfpalme *Trachycarpus.* Sie blüht allerdings erst, wenn das Stammwachstum eingesetzt hat, dann in der Regel jährlich im späteren Frühjahr. Wenn eine weibliche Pflanze blüht, läßt sie sich mit zugeschicktem Pollen einer gerade in Blüte stehenden männlichen Pflanze bestäuben und wird – mit etwas Glück – Früchte ansetzen.

Brahea armata mit meterlangen Blütenständen

Sommeraufenthalt

Die Schönheit großer Palmen kommt erst im Freien zur vollen Geltung, beispielsweise inmitten gepflegter Rasenflächen, als Begrenzung von Wegen, ganz besonders in Harmonie mit moderner Architektur, vor hellen Wänden und auch in Gemeinschaft mit Blumen. Der Palmenfreund stellt seine Palmen aber auch deswegen ins Freie, weil sie sich von der Winterperiode erholen, gesunden und wachsen sollen. Für das Freiland geeignete Palmengattungen bzw. -arten sind auf S. 61 zusammengestellt.

Für Warmhauspalmen sind europäische Sommer zu kühl, zu wechselhaft, und die Luftfeuchte ist meist zu gering. Deshalb stehen solche Arten besser ganzjährig unter Glas oder in Räumen.

Was ist vor dem Umsetzen ins Freie zu beachten?
Grundsätzlich ist es notwendig, vor dem Ortswechsel ins Freie in jedem Jahr erneut eine Akklimatisation der Pflanzen durchzuführen. Diese sollte erst beginnen, wenn die Außentemperatur annähernd der von den Palmen gewohnten Umgebungstemperatur entspricht, sonst könnten die Pflanzen einen Licht-, Wärme- oder Frostschaden erleiden, der bis zum Winter u.U. schwer oder gar nicht mehr auszugleichen ist.

Akklimatisation

Unter Akklimatisation versteht man die allmähliche Anpassung der Pflanzen an veränderte Umweltbedingungen. Wie lange eine Akklimatisationsphase dauern muß, hängt hauptsächlich von den Faktoren Wärme und Licht ab. Je wärmer und dunkler eine Palme im Winter stand, desto behutsamer muß die Akklimatisation vorgenommen werden. Das gilt besonders für junge Palmen, die empfindlicher als alte, kräftige Exemplare reagieren.

Phoenix canariensis in Containern

Mehrere *Trachycarpus*-Palmen in Containern bilden fast eine »Palmenallee«

Grundregeln für kühl überwinterte Palmen

Bereits einige Wochen vor dem Heraussetzen der Kübelpflanzen wird der Palmenfreund die Großwetterlage beobachten. Er kann aus Erfahrung einschätzen, mit welchen minimalen Nachttemperaturen in seinem Gebiet gerechnet werden muß. Wer nichts riskieren möchte, setzt seine Pflanzen erst nach den Eisheiligen (11. 5. bis 13. 5.) heraus, aber auch die Kalte Sophie (16. 5.) kann nochmals einen Temperatursturz bringen. Hochdruckgebiete im April/Mai haben relativ hohe Tagestemperaturen und meist kalte Nächte zur Folge, die bei nicht akklimatisierten Palmen einen Wachstumsstopp auslösen können. Ebenso gefährlich kann für Palmen die Sonne im März bis Mai werden, wenn sie nur an Schatten gewöhnt sind: Sie führt zu Sonnenbrand. Der Tau, der sich in der Nacht auf die Blätter legt, richtet zusätzliche, irreversible Schäden an: Jedes Tautröpfchen wirkt wie eine kleine optische Linse und verursacht auf dem Blatt einen Brennfleck. Bereits am Nachmittag desselben Tages sind auf den Blättern unzählige »Sommersprossen« als Blattschäden zu erkennen. Alle Schäden sind vermeidbar, wenn die nachfolgend genannten Grundregeln Beachtung finden. Dabei ist es zweckmäßig, zwischen kühl (ca. 3 °C bis 12 °C) und warm (ca. 18 °C bis 22 °C) überwinterten Palmen zu unterscheiden.

Für kühl überwinterte Palmen gilt:

1. An milden Tagen im Mai, evtl. auch schon im April, ist es in windgeschützten Lagen, im Schutz von Mauerecken, Nischen, Balkonen oder Innenhöfen möglich, während der wärmsten Tageszeit die Palmen stundenweise ins Freie zu setzen. Die Außentemperatur sollte nicht unter der Raumtemperatur liegen. Sobald die Außentemperatur am Nachmittag sinkt, sind die Palmen wieder einzuräumen. Es muß darauf geachtet werden, daß sie auch nach dem Einräumen wieder in derselben Richtung zum Licht stehen.

2. Wichtig ist zu Beginn der Akklimatisation ein schattiger Standort. Die Messung der Beleuchtungsstärke im Freien beweist, daß auch im Schatten höhere Werte als in geschlossenen Räumen erreicht werden. Am besten ist es, an trüben, milden Tagen zu beginnen.

3. In dem Maße wie die Außentemperatur zunimmt, kann man den Aufenthalt im Freien verlängern. Man rückt die Pflanzen mehr zum Licht, aber aus Vorsicht nur in den Halbschatten. Es sollte sich so einrichten lassen, daß nur ein Blatt der Palme die volle Sonnendosis erhält. Wenn dieses Blatt nach etwa zwei bis drei Tagen keine Farbveränderung zeigt, ist die Akklimatisation abgeschlossen. Von nun an darf die Palme, sofern es sich um eine lichtbedürftige Art handelt, einen vollsonnigen Standort erhalten. In diesem Stadium würde allerdings ein Spätfrost sehr schaden. Man muß also im Mai immer noch die Wettervorhersage beachten. Bei zu erwartendem Temperatursturz oder Bodenfrostgefahr ist ein nochmaliges Einräumen die beste Lösung.

4. Große Palmen in schweren Kübeln können wegen ihres Gewichtes nicht in der beschriebenen Weise an die Sommerfrische gewöhnt werden. Hier hilft eine andere Maßnahme: Stundenweises Lüften des Wintergartens am Tage. Durch leichte Temperaturschwankungen und Luftbewegung beginnt die Abhärtung. Mit dem Heraussetzen sollte jedoch bis Mitte Mai gewartet werden. Danach wird weiter verfahren, wie unter Punkt 2 und 3 beschrieben.

Für warm überwinterte Palmen gilt:

1. Sie sind empfindlicher als kühl überwinterte Palmen. Das erste Lichtbad bekommen sie deshalb später, d. h. erst dann, wenn die Außentemperatur der gewohnten Innentemperatur entspricht. Sie werden in den ersten Tagen nur stundenweise ins Freie an eine windgeschützte, schattige Stelle gesetzt und rechtzeitig eingeräumt, damit sie in ihrem Wachstum nicht gestört werden.

2. Sie müssen erst an kühlere Nachttemperaturen gewöhnt werden. Aus diesem Grund ist es ratsam, sie nach dem Hereinholen nachts nicht wieder erhöhten Zimmertemperaturen auszusetzen. Es bekommt den Pflanzen besser und unterstützt die Anpassung, wenn die Nachttemperaturen unter den Tagestemperaturen liegen.

Darf während der Akklimatisationsphase umgetopft werden? Besser nicht. Es ist günstiger, wenn die Pflanzen bereits zu Beginn ihres Sommeraufenthaltes umgetopft sind. Wurde der günstigste Zeitpunkt versäumt, kann auch nach der Akklimatisationsphase umgetopft werden. Regen und Wind im rechten Maß sind für Palmen pflegende und gesunderhaltende Faktoren. Durch Sturmböen können Pflanzen in zu kleinen Gefäßen umgeworfen werden und fallen dabei nicht selten aus ihrem Behältnis heraus. In diesem Fall setzt man sofort in größere Töpfe um und sichert sie gegen erneutes Umstürzen. Eine wirksame Methode ist das Einsenken der Töpfe in den Boden oder in Rasenflächen.

Behandlung im Freien

Während des Sommeraufenthaltes muß die Behandlung der Palmen der jeweiligen Wetterlage angepaßt werden. Sonne, Wind und hohe Lufttemperatur lassen den Wurzelballen schnell austrocknen, so daß es erforderlich werden kann, morgens und abends zu gießen. Das Wässern an Regentagen erübrigt sich hingegen.

Grundregeln für warm überwinterte Palmen

Einräumung ins Winterquartier

Mit der Abnahme der täglichen Lichtmenge und dem Sinken der Nachttemperaturen reduziert sich bereits gegen Ende August die Wachstumsgeschwindigkeit. Im September kommt es dann allmählich zum Wachstumsstillstand, auch wenn die Tage noch sommerlich warm sind. Je länger die milde Herbstwetterlage andauert, um so besser für die Palmen. Bevor der erste Nachtfrost droht, müssen die Pflanzen in das Winterquartier geräumt werden.

Ausnahmen sind im Kapitel »Kälteempfindlichkeit von Palmen« beschrieben

Während der Wintermonate stehen die großen Kübelpflanzen am besten hell in einem Kalthaus, Wintergarten oder anderen verglasten Räumen. Es schadet nicht, wenn die Temperatur in kalten Nächten auch nahe an die 0 °C-Grenze herankommt. Stehen keine hellen Räume zur Verfügung, besteht für einige Arten auch die Möglichkeit einer relativ dunklen Überwinterung. Es eignen sich große Flure, Treppenhäuser, Empfangshallen, Kellerräume oder helle Abstellräume. Erfahrungsgemäß überstehen folgende Gattungen bzw. Arten kühle, etwas dunklere Winterquartiere: *Butia, Chamaerops humilis, Phoenix canariensis, Trachycarpus, Washingtonia.*

Exotische Pflanzengesellschaft, im Vordergrund *Phoenix roebelenii*

Je dunkler die Palmen überwintern, um so behutsamer muß im folgenden Frühjahr die Anpassung an einen hellen Standort erfolgen. Gegossen wird im Winterquartier nur nach Bedarf. Aber auch bei kaltem Standort darf der Wurzelballen nicht austrocknen. An milden Wintertagen ist das Durchlüften des Quartiers eine wirksame Maßnahme zur Gesunderhaltung der Pflanzen.

Wer seine Palmen im Herbst wieder in warme Wohnräume stellt, handelt natürlich gegen den von der Natur vorgegebenen Rhythmus, wonach einige Monate Wachstumspause bei kühler Temperatur und hellem Standort das Normale wären. Die Folge ist ein zu früh einsetzender Neutrieb. Die unter Lichtmangel gewachsenen Blätter unterscheiden sich von den Sommerblättern durch lange, weiche Blattstiele, evtl. kleinere Blattflächen und große Blattfiederabstände. Meist biegen sich die Stiele übermäßig nach unten oder knicken ein. Sie stören den gleichmäßigen Habitus der Pflanze und schwächen sie. Am besten ist es, die im Herbst eingeleitete natürliche Ruhephase bei starken Pflanzen bis zum Winterende auszudehnen und sie erst dann wärmer zu halten, wenn die Beleuchtungsstärke wieder zunimmt. Junge, zu früh in Trieb gekommene Pflanzen sollten im Winter so hell wie möglich gestellt oder zusätzlich beleuchtet werden.

Kälteempfindlichkeit von Palmen

Erstaunlicherweise sind Palmen gegenüber kühlen Temperaturen widerstandsfähiger als man aufgrund ihrer Herkunft erwarten würde. Das trifft sogar für tropische Arten wie die Kokospalme zu. Schon seit langem ist bekannt, daß sich manche Spezies, z. B. *Butia, Chamaerops*, einige *Phoenix*-Arten, *Sabal minor* und *Trachycarpus* nahe an die geographischen Frostgrenzen der Erde heranwagen und sogar gelegentliche Nachtfröste überstehen. An der Südostküste des Schwarzen Meeres, am Gardasee sowie an verschiedenen Stellen der Nordküste des Mittelmeeres findet man prächtige Exemplare von *Butia, Chamaerops, Jubaea chilensis, Phoenix canariensis, Trachycarpus* und *Washingtonia filifera*, die in ungünstigen Wintern schon −12 °C überlebt haben. Auf der Insel Mainau im Bodensee sieht der Besucher freistehende *Trachycarpus*-Gruppen, und auch auf verschiedenen Britischen Inseln sowie im Gelände des Botanical Garden of Kew (London) und Edinburgh wird die Hanfpalme im Freien kultiviert, wo Wintertemperaturen von weniger als −12 °C auftreten können.

Die Europäische Zwergpalme *Chamaerops humilis* breitet sich in Europa etwa bis 40°ndl. Breite aus und bevorzugt die Küstengebiete hauptsächlich Spaniens, Südfrankreichs und Italiens. Auf den Balearen findet man sie bis in über 800 m Höhe, im Atlas Marokkos sogar noch in Höhenlagen von 2300 m. An geschützten Stellen Südeuropas finden wir sie gelegentlich in Hausgärten als Stolz ihrer Besitzer. Im Winter muß sie allerdings vor Sturm und Frost geschützt werden, denn die untere Toleranzschwelle erwachsener Pflanzen liegt bei ca. −5 °C.

Von den Fiederpalmen ist *Phoenix canariensis* die widerstandsfähigste Art. In ihrer Heimat (Kanarische Inseln, Madeira) bildet der 30. Breitengrad, wo im Winter nur selten Temperaturen unter 0 °C auftreten, die nördlichste Verbreitungsgrenze. In den Verbreitungsgebieten Europas überschreitet sie teilweise sogar 40 ° ndl. Breite und widersteht kurzzeitig Wintertemperaturen bis zu −12 °C. Weniger widerstandsfähig ist die echte Dattelpalme *Phoenix dactylifera*. Sie übersteht als erwachsene Pflanze höchstens −8 °C. Bemerkenswert ist die Kälteresistenz der tropischen Arten *Phoenix roebelenii* (Laos, Mekong-Gebiet) sowie *Phoenix reclinata* (trop. und südliches Afrika), die als erwachsene Pflanzen Temperaturen bis nahe −7 °C tolerieren (vgl. Tab.).

Temperaturgrenzwerte für einige Palmenarten

Fächerpalmen	a	b
Washingtonia filifera	− 8 °C	−10 °C
Livistona chinensis	− 9 °C	−10,5 °C
Chamaerops humilis	− 9 °C	−11,5 °C
Sabal minor	−10,5 °C	−13,5 °C
Serenoa repens (Sämling)	−10 °C	−12,5 °C
Trachycarpus fortunei	−11 °C	−14 °C
Fiederpalmen		
Jubaea chilensis	− 7 °C	− 9 °C
Phoenix reclinata	− 7 °C	−10,5 °C
Phoenix dactylifera	− 8 °C	− 9,5 °C
Phoenix canariensis	− 9 °C	−10,5 °C

a: Kritische Temperatur für erwachsene Pflanzen, Auftreten erster Blattschäden
b: Temperatur, bei der ein Teil der Blätter abstirbt

Die in der Tabelle auf Seite 61 angegebenen Temperaturen sind Durchschnittswerte aus Untersuchungen des Botanischen Instituts der Universität Innsbruck, wo den Testpflanzen vor den Messungen eine zweiwöchige Anpassungsphase bei Temperaturen zwischen 5 °C und 10 °C eingeräumt wurde. Die ermittelten Ergebnisse korrelieren mit langjährigen Beobachtungen der Kälteempfindlichkeit von Palmen an natürlichen Standorten und sind daher eine wichtige Voraussetzung für die ganzjährige Kultivation von Palmen im Freien.

Freilandkultur

Es klingt unwahrscheinlich, aber eine ganzjährige Kultur bestimmter Palmenarten im Freien ist auch in West- und Mitteleuropa möglich, wenn die wesentlichen Voraussetzungen für das Überleben der Pflanzen während der Wintermonate erfüllt werden können. Entsprechend den Angaben der Tabelle S. 61 ist ein gegebener geographischer Ort für das Auspflanzen einer Palme dann prinzipiell geeignet, wenn die zu erwartenden Minimumtemperaturen unter den angegebenen Grenzwerten bleiben. Zusätzlich sind die Bodenfeuchtigkeit, die Bodentemperatur, die Dauer und Stärke der Frostperioden sowie der Wind von Bedeutung, über deren wechselnde Einflüsse allerdings noch keine erschöpfenden Erkenntnisse vorliegen.

Wenn eine Auspflanzung ins Freie vorgenommen wurde, ist es deshalb erfahrungsgemäß notwendig, die winterlichen Wetterprognosen zu beachten, um drohende Schäden rechtzeitig abwenden zu können.

***Phoenix canariensis* wird in allen subtropischen Gebieten als Zierpflanze angebaut**

Wissenswertes vor dem Auspflanzen

1. Zum Auspflanzen kommen nur die in Tab. S. 61 genannten Arten in Betracht, die wegen ihrer Größe nicht mehr gut in Wohnungen oder Unterständen gehalten werden können. Die widerstandsfähigste Art ist *Trachycarpus fortunei*. Die großen Kübelpflanzen läßt man wegen ihres Platzbedarfes im Spätherbst ohnehin so lange wie möglich im Freien stehen und es ist gut, wenn sie bereits einige Minusgrade überstanden haben, bevor sie vor dem Einsetzen stärkeren Frostes kühl untergebracht werden. Auf diese Weise mehrjährig an leichten Frost gewöhnte, kräftige und gesunde Pflanzen können im Folgejahr, wenn keine Spätfröste mehr zu erwarten sind, an vorbereiteter Stelle ohne Pflanzkübel in den Boden gesetzt werden. Von diesem Zeitpunkt an werden sich die Pflanzen wesentlich schneller als im Gefäß entwickeln, da die Wurzeln auf keine Hindernisse treffen. Wer vorsichtig sein will, pflanzt mit Gefäß ein. Notfalls ist es auf diese Weise möglich, die Palme im folgenden Winter wieder aus dem Boden herauszuheben.

2. Schneeregen mit nachfolgendem Frost verträgt keine Palme. Man schützt sie rechtzeitig durch eine lichtdurchlässige Plastehaube oder Glasüberbauung und achtet darauf, daß kein Wasser in den Vegetationspunkt gelangt.

Bei *Trachycarpus fortunei* ist ab –15 °C mit dem Absterben der äußeren Blätter zu rechnen. Dagegen übersteht der durch die einhüllenden Blattscheiden geschützte innere Vegetationskegel mit den unentwickelten Blättern noch niedrigere Außentemperaturen.

So ertrug im Winter 1984/85 in Ilmenau (Südlage) eine 25 Jahre alte, im Freien wachsende *Trachycarpus fortunei* mit Glasüberbauung zwei Nächte lang Temperaturen von –15,5 °C und –16 °C bei Tagestemperaturen um –8 °C. Blattschäden entstanden hauptsächlich an den zwei- und dreijährigen Blättern. Während der fünftägigen strengen Frostperiode im Januar 1987 lagen die Nachttemperaturen zwischen –15 °C und –18 °C, was ein totales Absterben der entfalteten Blätter zur Folge hatte. Der Vegetationskegel überstand jedoch auch diese Temperaturen. Die Palme trieb im Mai erneut aus.

3. Da die Wurzeln recht empfindliche Organe sind, muß ihnen besondere Aufmerksamkeit geschenkt werden. Die niedrigsten Temperaturen herrschen meist in Bodennähe, aber die Oberflächen- und Adventivwurzeln von *Trachycarpus fortunei* ertragen nur –6,5 °C. Wenn also eine Palme im Winter zu erfrieren droht, sollte man primär an die Folgen zu starken Bodenfrostes denken. Eine Palme mit abgestorbenen Wurzeln ist nicht mehr zu retten, auch wenn sie im Herz noch grün aussieht. Die Frostwirkung auf die Wurzeln läßt sich wesentlich mindern, wenn der Wurzelbereich mit einer dicken Laubschicht, grobem, luftigem Torf o. ä. abgedeckt wird. Sehr zweckmäßig erweist sich die Verwendung eines Bodenthermometers zur Überwachung der Bodentemperatur. Sie darf nicht unter – 6 °C absinken.

4. Trotz kalten Winterwetters darf die Bodenfeuchtigkeit nicht außer acht gelassen werden. Bei überbauten Palmen trocknet der Boden im Wurzelbereich schnell aus, besonders bei sonnigem Wetter. Man muß also auch im Winter bei Bedarf gießen.

Die Blätter von *Brahea edulis* haben eine hellgrüne Farbe

Palmen unter Glas

Fotobeispiele für Palmen unter Glas finden sich u. a. auf den Seiten 8 (*Rhapis humilis*), 21 (*Cyrtostachys renda*), 71 und 83 (*Cocos nucifera*), 80 (*Chrysalidocarpus lutescens*), 82 (*Coccothrinax crinita*), 86 (*Licuala grandis*), 88 (*Microcoelum weddelianum*), 90 (*Pritchardia pacifica*) und 92 (*Sabal blackburniana*)

Die meisten Palmenarten lieben mehr oder weniger hohe Wärme und Luftfeuchte, d. h. sie gehören in ein Warm- oder Lauwarmhaus. Nur einige Arten können unter Kalthausbedingungen überwintert werden.

Ein Gewächshaus ermöglicht durch den Einsatz automatischer Regelungstechnik eine optimale Gestaltung der gewünschten Umweltfaktoren. Wer den reizvollen Entschluß faßt, ein Gewächshaus zu bauen, hat viel zu bedenken, nicht zuletzt die Unterhaltungskosten. Es geht aber auch billiger durch Einrichtung eines Wintergartens. Dazu eignen sich größere Räume, z. B. Veranden, Terrassen, geräumige Flure, Vorbauten, Anbauten usw., wenn ihre Außenseiten verglast werden. Günstig auf das Wachstum wirkt sich Oberlicht aus. Allerdings brauchen kleine Luftvolumen eine gute Durchlüftung, weil sie sich schnell aufheizen.

Bezüglich der Innengestaltung von Wintergärten und Kleingewächshäusern sowie des Gesamtkomplexes der Technik und Regelung sei hier auf die Spezialliteratur verwiesen.

Einteilung in Wärmegruppen

Die gemeinsame Kultur verschiedener Palmenarten unter gewächshausähnlichen Bedingungen erfordert eine Auswahl von Arten mit annähernd gleichen Umweltansprüchen, von denen das Wärmebedürfnis dominiert. Ihre Unterbringung erfolgt demzufolge wärmeorientiert in einem Kalt-, Lauwarm- oder Warmhaus. Im Kalthaus überwinterte Arten können während der Sommermonate im Freien stehen.

Eignung einiger Palmengattungen bzw. -arten für die Kultivierung im Kalt-, Lauwarm-, bzw. Warmhaus

Palmengattung bzw. -art		Kalthaus-Nachttemperaturen etwa 3...10°C	Lauwarmhaus-Nachttemperaturen etwa 11...16°C	Warmhaus-Nachttemperaturen etwa ab 17°C
Acanthophoenix crinita				x
Acanthophoenix rubra				x
Acrocomia	(L)	x	x	
Archontophoenix	(S)	x	x	
Areca				x
Arecastrum	(S)	x	x	
Brahea armata	(L)		x	
Brahea edulis	(L)		x	
Butia	(L)	x	x	
Calamus	(S)	x	x	
Caryota mitis	(S)	x	x	x

Eignung einiger Palmengattungen bzw. -arten für die Kultivierung im Kalt-, Lauwarm-, bzw. Warmhaus

Palmengattung bzw. -art		Kalthaus-Nachttemperaturen etwa 3...10°C	Lauwarmhaus-Nachttemperaturen etwa 11...16°C	Warmhaus-Nachttemperaturen etwa ab 17°C
Caryota urens	(L)		x	x
Ceroxylon alpinum			x	
Chamaedorea elegans	(S)	x	x	
Chamaedorea ernesti-augustii				x
Chamaedorea seifrizii	(L)			x
Chamaerops	(L)	x	x	
Chrysalidocarpus lutescens	(S)	x	x	x
Copernicia alba	(S)	x	x	
Copernicia prunifera	(L)		x	
Dictyosperma		x	x	
Euterpe edulis				x
Euterpe oleracea				x
Howeia	(S)	x	x	
Hyophorbe	(L)			x
Jubaea chilensis	(L)	x	x	
Licuala grandis				x
Licuala ramsayi	(S)	x	x	
Livistona australis	(L)	x	x	
Livistona chinensis	(L)	x	x	
Livistona rotundifolia	(L)		x	
Microcoelum	(S)	x	x	
Phoenix canariensis	(L)	x	x	
Phoenix roebelenii	(L)			x
Pritchardia	(L)	x	x	
Ptychosperma	(S)	x	x	
Reinhardtia	(S)	x	x	
Rhapis	(S)	x	x	
Rhopalostylis		x	x	
Roystonea oleracea	(L)		x	
Roystonea regia	(L)	x	x	x
Sabal	(L)	x	x	
Sabal mauritiiformis	(L)		x	
Sabal mexicana	(L)		x	
Sabal palmetto	(L)		x	
Serenoa repens	(L)	x	x	
Syagrus	(L)	x	x	
Thrinax	(L)			x
Veitchia	(L)			x
Washingtonia filifera	(L)	x	x	
Wasingtonia robusta	(L)	x	x	

(S) . . . Schatten wird toleriert
(L) . . . viel Licht wird toleriert

Krankheiten und Schädlinge

Für Palmen gilt: Kräftige, richtig gepflegte Pflanzen sind gegen Krankheiten und Schädlinge im allgemeinen recht widerstandsfähig. In erster Linie sind es Pflegefehler, die zu physiologischen Störungen und damit zur Schwächung des pflanzlichen Organismus führen. Geschwächte Palmen sind für tierische Schädlinge und Pilze wesentlich anfälliger.

Erkrankungen durch Pflegefehler

Äußere Anzeichen von Erkrankungen sind erkennbar an Wuchsänderungen, Veränderungen in Farbe und Oberflächenstruktur der Blätter sowie an einem geschädigten Wurzelbild. Geschädigte Wurzeln führen zu Wachstumsstopp, allmählicher Vergilbung der Blätter und schließlich zu deren Absterben. Der vorsichtig aus dem Behältnis herausgehobene Wurzelballen läßt den Grad der Schädigung erkennen. Gesunde Wurzeln sind fest und von heller Farbe, kranke dagegen mürbe, dunkelfarbig oder matschig. Geschädigte bzw. faulige Wurzelteile entfernt man sofort, topft neu ein und beseitigt die Ursache für die Auslösung des Schadens. Bei stark geschädigten Wurzeln wird sich die Palme nicht mehr erholen.

Häufige Kulturfehler, die zur Erkrankung führen können

Häufige Kulturfehler sind:

- Sonne für schattenliebende Palmen
- Dauerschatten für Sonne liebende Palmen
- Sehr warmer Stand und zu wenig Licht
- Warmer Stand und trockener Topfballen
- Zu kalter Stand, Unterkühlung des Wurzelballens
- Kalter Stand, Erde zu naß oder Topf steht im Wasser
- Gießwasser zu hart, zu kalt oder nicht abgestanden
- Zu geringe bzw. zu hohe Luftfeuchte
- Pflanze wird von Wärmestrahlung durch Heizkörper getroffen
- Düngefehler (zu oft gedüngt bzw. überdosiert)
- Ungeeignete oder überdosiert angewandte Schädlingsbekämpfungsmittel
- Kalte Zugluft für wärmeliebende Palmen

In Tabelle S. 67 sind die Schadbilder der häufigsten nichtparasitären Erkrankungen und mögliche Vorbeugemaßnahmen angegeben.

Parasitäre Erkrankungen

Auch bei bester Pflege ist keine Palme vor Schädlingsbefall sicher. Die Schadwirkung tierischer Schädlinge, d. h. durch beißende, saugende oder minierende Insekten und ihre Larven besteht darin, daß den Blättern durch Heraussaugen des Saftes Energie entzogen wird, was den pflanzlichen Organismus schwächt. An den Einstichstellen entstehen zunächst kleine, hellfarbige bis gelbe Punkte, die sich mit der Zeit vergrößern und schließlich das ganze Blatt erfassen. Beginnt die Bekämpfung zu spät, sterben die befallenen Blätter vorzeitig ab. Das kann zum Verlust der Pflanze führen. Zusätzlich siedeln sich auf den zuckerhaltigen Aus-

Schadbilder einiger Erkrankungen durch Pflegefehler

Die bei Palmen am häufigsten auftretenden nichtparasitären Erkrankungen

Schadbild	mögliche Ursachen	Vorbeugemaßnahmen
Gelb- bzw. braunwerdende Blattspitzen, langsame Eintrocknung der Fiedern bzw. Segmente von der Spitze aus	– Im Sommer: zu geringe Luftfeuchte – Im Winter: stauende Nässe oder nach Standortwechsel in trockenere Umgebungsluft	Palmen in Gesellschaft anderer Pflanzen aufstellen, z.B. auf Rasenflächen. Weniger gießen, für Wasserabzug sorgen, rel. Luftfeuchte d. Umgebungsluft erhöhen, sprühen
Gelbverfärbung aller Blätter. Farbeindruck erinnert an sich entfaltende Jungblätter	– Chlorose: Mangel an Spurenelementen, meistens Eisen – Zu hoher pH-Wert des Bodens, Gießwasser zu kalkhaltig – Wurzelschäden	Bodenuntersuchung erforderlich, evtl. Einsatz von Eisenchelat Wasseruntersuchung Wasser entkalken Wurzelballen prüfen, Ursachen feststellen u. beseitigen
Glanzverlust der Blätter an sonnenzugewandten Stellen, Verfärbung blaßgelb bis weiß, später braunumrandete Trokkenstellen	– Sonnenbrand infolge zu starker Bestrahlung – Wassertropfen auf Blättern, führen zu runden Brandflecken (Brennglaseffekt)	Abhärtung, bevor die Palmen der Sonne ausgesetzt werden In Gewächshäusern/Wintergärten rechtzeitig schattieren
Fiedern bzw. Fächerstrahlen falten sich auffällig zusammen, sie nehmen besonders an sehr warmen Tagen eine fahle Farbe an	– Wassermangel – Wurzelballen hat sich im Topf gehoben, das Gießwasser läuft durch	Ausreichende Topfgröße verwenden, durchdringend wässern Rechtzeitig umtopfen
Erscheinen verkrüppelter Blätter, unvollständig gefiedert, Mittelrippe verdreht, zwergwüchsige Blattspreite	– Pflanze wurde unterkühlt – Topfballen war längere Zeit gefroren	Bodenwärme erhöhen Palme bei kalter Zugluft höher stellen
Kümmerwuchs, langsames Wachstum, frühes Blattsterben	– Zu kalter Standort – Lichtmangel oder -überfluß – Nasse Erde – Zu niedrige Luftfeuchte	Erfüllung der Kulturbedürfnisse der betroffenen Art, evtl. umtopfen Bei Erfolglosigkeit Pflanze vernichten

scheidungen von Läusen Rußpilze an. Sie überziehen die Blätter bis in den kleinsten Winkel mit einer schwarzen Schicht, vermindern den Lichtdurchtritt und infizieren in kurzer Zeit die noch gesunden Blätter bzw. benachbart stehende Pflanzen.

Für Palmen ist das Abbrausen oder Abwaschen mit einem weichen Schwamm eine geeignete Methode der Schädlingsbekämpfung und Kosmetik zugleich. Wenn viele Pflanzen oder große Schaupflanzen zu behandeln sind, muß chemisch bekämpft werden. Bei allen befallenen Pflanzen ist die Behandlung gleichzeitig durchzuführen und nach gewisser Zeit (lt. Anwendungsvorschrift) zu wiederholen. Eine chemische Bekämpfung durch Spritzen oder Nebeln hat in der Regel eine sofortige Wirkung zur Folge, während systemisch wirkende Mittel erst über die Wurzeln mit dem Gießwasser aufgenommen werden müssen, dafür aber bequemer in der Handhabung sind. Aus der Anwendungsvorschrift für das jeweilige Mittel muß die erforderliche Konzentration sowie Unbedenklichkeit des Einsatzes bei Palmen hervorgehen. Andernfalls sollte zur Vermeidung von Schäden eine Probespritzung an nur einer Pflanze vorgenommen werden.

Zur besseren Übersicht sind die bei Palmen häufiger auftretenden, durch

Bei Palmen häufig auftretende, durch tierische Schädlinge hervorgerufene Schadbilder

Durch tierische Schädlinge hervorgerufene Schadbilder

Schadbild	mögliche Ursachen	Vorbeugemaßnahmen/ Bekämpfung
Helle bis gelbe Punkte (Saugstellen) an allen Blatteilen, bei Anwesenheit der mehr oder weniger beweglichen Schädlinge. Klebrige Honigtauausscheidungen, evtl. Auftreten von Rußpilzen	Schildläuse Wolläuse Schmierläuse	Zu trockene, zu warme, stehende Luft vermeiden, Blätter ab und zu überbrausen Bekämpfung: Insektizidspray oder Gießmittel, bes. bei starkem Schildlausbefall
Weiß-silbrig aussehende Blätter durch Lufteinschlüsse infolge hoher Einstichdichte des Schädlings. Auf der Blattunterseite bräunliche Saugstellen, umgeben von schwarzglänzenden Kottröpfchen	Blasenfüße (Thrips) oder »Schwarze Fliege«. Insekt max. 2 mm lang, braunschwarz, hat 2 Paar schwarzweiße Flügel. Larven unter den Blättern	Vermeidung trockener Luft, auch Blattunterseiten abbrausen Bekämpfung: Insektizidsprays im Wechsel anwenden
Feine Gespinste zwischen Fiedern und anderen Blatteilen. Blätter vergilben in den Bereichen dichten Befalls, später Grau- bis Braunfärbung der Blätter und Vertrocknung	Spinnmilben (Rote Spinne), Insekt ca. 0,5 mm groß. Alle Entwicklungsstadien sind gleichzeitig vorhanden (Gelege, Larven), bes. in Nischen und Furchen der Blattunterseiten. Hohe Populationsrate	Topfballen nicht austrocknen lassen, keine trockene, zu warme Luft. Artgerechte Kultivierung Bekämpfung: Sprühen bzw. Gießen mit Insektiziden. Im Gewächshaus ist Raubmilbeneinsatz möglich
Warzenartige Blattwölbungen, Kräuselungen, gewellte Fiedern oder Strahlen, Verkorkungen o.ä., Absterben des Vegetationspunktes	Palmenmilbe Weichhautmilben (versch. Arten)	Vermeidung zu hoher Luftfeuchte Die spezifischen Wachstumsbedingungen der betr. Art beachten Bekämpfung: wie Spinnmilben

Durch Pilzerkrankungen hervorgerufene Schadbilder

Die wichtigsten bei Palmen auftretenden Pilzkrankheiten

Schadbild	Krankheit	Vorbeugemaßnahmen/ Bekämpfung
1. Absterben der Sämlinge, der Wurzeln, der Stammbasis, Blattbasen und Blätter	*Fusarium*-Welke Erreger: *Fusarium* (versch. Arten)	Samen- und Bodenhygiene, vor der Aussaat Behandlung gegen *Fusarium* Einhaltung optimaler Wachstumsbedingungen
2. Bis 2 mm Durchmesser erreichende, harte, runde, schwielenartige Erhebungen, die gelbliches Sporenpulver freigeben. Blätter vergilben und sterben ab	Blattschwielenkrankheit (Falscher Brand) Erreger: *Graphiola phoenicis* bes. bei *Phoenix canariensis* und *Chamaerops*	Palmen hell u. luftig halten, hohe Luftfeuchte vermeiden, Pflanzen nicht sprühen Bekämpfung: Befallene Blätter abschneiden u. verbrennen. Anschließend Palmen mit Fungiziden behandeln
3. Gelblich durchscheinende Flecke auf den Blättern, die von der Mitte aus braun werden. Folge: Blattsterben	Blattfleckenkrankheit Erreger: *Exosporium palmivorium,* bes. bei *Phoenix*-Arten	wie bei 2.
4. Gelbliche Flecken auf Blatt, Stiel und Blattbasis, ähnlich wie bei 3., führt zum Welken u. Absterben der Blätter	Blattfleckenkrankheit Erreger: *Colletotrichum* (versch. Arten) Bevorzugt *Howeia*	wie bei 2.
5. Blätter werden blaßgrün, Erscheinen senfkornähnlicher Wärzchen, Welken u. Absterben der Blätter bzw. Pflanze	*Sclerotium*-Welke	wie bei 2. Palmen nicht mit Pflanzen zusammen kultivieren, die leicht anfällig für Mykosen sind (z.B. Kranzschlinge)

tierische Schädlinge hervorgerufenen Schadbilder, in einer Tabelle zusammengefaßt.

Pilzkrankheiten (Mykosen) sind im allgemeinen nicht so leicht heilbar, weil die Infektionen nicht früh genug erkannt werden. Die Erreger dringen ins Innere des Zellgewebes ein und breiten sich von dort weiter aus. Wenn sich Schimmelflecken, ein Schimmelteppich oder Pusteln auf den Blättern zeigen, kann die Infektion bereits mehrere Wochen zurückliegen, und es ist zu überlegen, ob man sich nicht besser von einer derart kranken Pflanze trennt, bevor sie benachbarte Pflanzen infiziert.

Pilzbefall bei Palmen deutet vielfach darauf hin, daß die Pflanzen bereits durch Pflegefehler oder tierische Schädlinge gestreßt sind. Häufig siedeln sich als Folge ungenügender Schädlingsbekämpfung auf den Ober- oder Unterseiten der Blätter Rußpilze an (siehe Seite 67). In der obenstehenden Tabelle sind die wichtigsten bei Palmen auftretenden Pilzkrankheiten zusammengestellt.

Viruskrankheiten sind bei Palmen selten. Sollte sich dennoch einmal ein auffälliges Schadbild zeigen, das in den Tabellen nicht beschrieben wurde, könnte es sich um eine Virusinfektion handeln. In jedem Falle ist es ratsam, kranke Blatteile rechtzeitig abzuschneiden, die Pflanze isoliert zu stellen und ihr beste Wachstumsbedingungen zu bieten. Erholt sie sich nicht, muß man sie vernichten, denn Viruserkrankungen sind bis heute bei Zimmerpflanzen kaum heilbar.

Um ganz sicher zu gehen, kann sich der Ratsuchende an das Amt für Pflanzenschutz wenden, das es in jeder Stadt gibt.

Alte Hausmittel zur Schädlingsbekämpfung

Es ist seit langem bekannt, daß die wäßrigen Auszüge aus Tabak-, Holunder- und Brennesselblättern wirksame Spritzmittel gegen Blattläuse sind. Zur besseren Benetzung der Blatteile gibt man auf 1 Liter Spritzbrühe einen Eßlöffel flüssige Seife (oder Schmierseife) hinzu.

Im Zierpflanzenbau wurde früher auch mit Seife-Alkohollösungen gegen Schildläuse gesprüht (1 l Wasser, 1 Eßlöffel Seife, 1 Eßlöffel Brennspiritus).

Heute gibt es im Handel ein großes Angebot an Insektiziden, die einfach in der Handhabung und sicher in der Wirkung sind. Durch Anwendung verschiedener Mittel im Wechsel verhindert man, daß Schädlingsresistenz gegenüber einem häufig benutzten Mittel entsteht.

Gegen Pilzinfekte gibt es ein altes, empfehlenswertes Hausmittel, das prophylaktisch, fungizid und antibakteriell wirkt: Eine zerriebene Knoblauchzehe brüht man mit 1 l kochendem Wasser auf, läßt abkühlen, filtriert die unlöslichen Bestandteile heraus und setzt 1 Eßlöffel flüssiger Seife zu. Diese Lösung wird bei infizierten Pflanzen dreimal in Abständen von einer Woche auf und unter die Blätter gesprüht und stellt eine natürliche und insektenunschädliche Alternative zu den käuflichen Fungiziden dar.

Gestalten mit Palmen und Begleitpflanzen

Bei der Zusammenstellung von Palmen-Arrangements sind der gestalterischen Phantasie kaum Grenzen gesetzt.

Wichtig ist, daß die zusammengestellten Arten in ihren Lebensansprüchen zueinander passen. Das gilt ebenso für Begleitpflanzen. Um mit Palmen eine möglichst hohe optische Wirkung zu erzielen, müssen sie für den Betrachter günstig plaziert sein. Grundregeln zum Gestalten mit Palmen:

- Zierliche und zarte Fiederpalmen stehen am besten vor einfarbigem, hellem Hintergrund
- Palmen mit stark hängenden Blättern wirken noch dekorativer, wenn sie erhöht stehen und aus gewisser Distanz betrachtet werden können
- Große, gut gewachsene Palmen präsentieren ihre Schönheit am eindrucksvollsten als Solitärpflanzen
- Bei der Zusammenstellung von Palmen für »tropische Inseln« sollte darauf geachtet werden, daß die niedrigen vor den höheren stehen bzw. die höheren umgeben – nicht umgekehrt

Palmenanordnungen in Gartenanlagen oder auf Terrassen erfordern ein gepflegtes Umfeld, von dem sie sich auch farblich gut abheben sollen. Grünes, dichtes Buschwerk oder Nadelbäume sind deshalb ungeeignete Hintergründe. Dagegen wirken Palmen sehr dekorativ, wenn sie in die Innen- oder Außenarchitektur von Gebäuden, Treppenhäusern, Innenhöfen u. ä. integriert werden. Mit Palmen schafft man immer eine besondere, individuelle Atmosphäre.

Zum Verdecken von Pflanzgefäßen eignen sich Sommerblumen oder blühende Topfpflanzen wie z. B. Begonien, Pelargonien, Petunien, Hibiscus, Oleander, Bougainvillien und andere, wenn sie in richtiger Relation zur Größe der Palmen stehen.

Auch bei der Begleitpflanzenauswahl für Wohnräume sollte darauf geachtet werden, daß ihre Ansprüche mit denen der Palmen weitgehend übereinstimmen.

Palmen in kühlen Räumen oder Wintergärten kann man beispielsweise mit Azaleen, Kamelien, Zyperngras, Asparagus oder Farnen kultivieren. Die nachfolgend aufgeführten Arten stellen außerdem nur geringe Lichtansprüche (ab 600 lx aufwärts):

Adiantum in verschiedenen Arten (Frauenhaarfarn)

Grundregeln zum Gestalten mit Palmen

Cocos nucifera **benötigt für ihr Wachstum möglichst hohe Temperaturen, hohe Luftfeuchtigkeit und Licht, hier ein Beispiel für die Gestaltung mit verschiedenen Begleitpflanzen**

Cyrtomium falcatum (Ilexfarn)
Nephrolepis cordifolia (Schwertfarn)
Nephrolepis exaltata ((Schwertfarn)
Pteris tremula (Möhrenlaubfarn)
Pteris umbrosa (Saumfarn)

Zu Palmen in hellen, warmen Räumen passen alle Grün- oder Blütenpflanzen der warmen Region, wobei man vor der Anschaffung der gewünschten Pflanzen prüfen muß, ob ihnen die erforderliche Luftfeuchte geboten werden kann.

Unter Warmhausbedingungen, d. h. in Gewächshäusern, Wintergärten, Veranden oder sonstigen Räumen, in denen hohe Luftfeuchte erreichbar ist, bestehen vielfältige Möglichkeiten der Kombination von tropischen Palmen mit gleichbedürftigen anderen Exoten. Dabei sollte man nicht versäumen, auch tropische Orchideenarten mit aufzunehmen. Durch ihre Blütenpracht wird der Reiz einer Palmensammlung noch erhöht.

Es gibt auch die gestalterische Möglichkeit der Unterpflanzung von Palmen. Darunter versteht man die Besetzung der Oberfläche des Wurzelballens mit Bodendeckern. Diese Methode eignet sich nur für große Pflanzenkübel, deren obere Bodenschicht ein Bepflanzen ohne Schädigung der Palmenwurzeln zuläßt. Nachteilig wirkt sich aus, daß die Ballenoberfläche nicht mehr direkt auf ihre Beschaffenheit geprüft werden kann.

Eine mit Palmen und anderen dekorativen Pflanzen gestaltete Treppenanlage

Beschreibung der Gattungen und Arten

Archontophoenix

Die Gattung *Archontophoenix* umfaßt vier Arten, die schlanke, glatte, grüne bis graue, 22 m Höhe erreichende Solitärstämme ausbilden. Die Narben der abgefallenen Blätter hinterlassen stammumgreifende Ringe in unregelmäßigem Abstand. Der Stamm schließt mit einem Kronenschaft ab. Er trägt dunkelgrüne, meist bogig hängende, zugespitzte Fiederblätter mit kurzem, unbewehrtem Stiel. Unterhalb des Kronenschaftes erscheinen die Blütenstände, aus denen sich leuchtend rote, runde bis ovale Früchte mit 10 bis 12 cm Durchmesser entwickeln.

Vorkommen: Die Arten von *Archantophoenix* sind im subtropischen bzw. tropischen Australien beheimatet. Sie wachsen in feuchten Regenwäldern der warmen Region mit hohen Regenfällen und werden wegen ihrer Eleganz in allen tropischen Gebieten der Welt zur Zierde angepflanzt.

Archontophoenix alexandrae

Diese Art ist gekennzeichnet durch eine auffällige Graufärbung der Fiederunterseiten und unterscheidet sich außerdem durch eine Anschwellung der Stammbasis von *A. cunninghamiana*. Der Stamm ist auffällig geringt, die Fiedern stehen dicht aneinandergereiht und sind im Querschnitt V-förmig nach oben geöffnet. Ihr Mittelnerv tritt markant hervor.

***Arecastrum romanzoffianum* mit Fruchtstand**

Archontophoenix cunninghamiana

Das deutlichste Unterscheidungsmerkmal von *A. alexandrae* ist die ober- und unterseits grüne Farbe der Fiedern. Ihr Mittelnerv ist unterseits auf beiden Seiten mit braunen, wolligen Schüppchen besetzt. Der Stamm ist an der Basis nicht verdickt, die Abstände der Ringnarben sind größer als bei der vorigen Art.

Kultur: Beide Arten gedeihen gut im Lauwarmhaus bei viel Licht, tolerieren aber auch Schatten. *Archantophoenix* ist schnellwüchsig und kann im Winter bei ca. 10 °C gehalten werden. Für Innendekoration ist auf ausreichende Luftfeuchte zu achten, damit die Blattspitzen nicht zu schnell eintrocknen. Die Blätter sollte man öfter einnebeln und den Wurzelballen stets feucht halten. *A. cunninghamiana* ist die kälteunempfindlichere Art. Sie wird oft mit *Ptychosperma elegans* verwechselt, welche gestutzte, unregelmäßig gezackte Fiederblätter hat.

Areca

Die Gattung gehört zu den attraktivsten Fiederpalmen. Es sind mehr als 50 Arten bekannt. Sie haben schlanke Stämme mit ringförmigen Narben und erreichen bei einem Stammdurchmesser von 20 cm Höhen bis zu 30 m. Ein glatter Kronenschaft trägt bogig hängende Fiederblätter, deren Spitzen je nach Art abgestumpft, gestutzt oder gezahnt sein können. Die beiden Fiedern an der Blattspitze sind oft fischschwanzartig verwachsen. Die Blütenstände erscheinen unterhalb des Kronenschaftes mit männlichen und weiblichen Blüten.

Vorkommen: Die Gattung *Areca* ist in den feuchtwarmen Tropen zu Hause. Ihr Verbreitungsgebiet reicht von Ostindien, Sri Lanka, Südost-Asien über die Salomonen bis Queensland. Die meisten Arten leben im gedämpften Licht des unteren oder mittleren Stockwerkes des tropischen Regenwaldes, einige hochwüchsige Arten sind an volles Sonnenlicht angepaßt.

Areca catechu

Im Jugendstadium ist der Stamm der Betelpalme (auch: Pinangpalme) grün. Im Laufe von Jahren nimmt er graue Farbe an und trägt ringförmige, hellere Narben an den ehemaligen Blattansatzstellen. Der Blattschopf wird durch relativ wenige Blätter gebildet, deren Fiedern steif nach vorn gerichtet sind. Sie stehen sehr dicht und laufen nicht zu einer Spitze aus, sondern sind gestutzt und gezahnt. Die Steinfrüchte der Betelpalme, aus denen die Betelbissen hergestellt werden, sind eiförmig und erreichen 5 cm Länge.

Kultur: *Areca catechu* wünscht viel Wärme. Die Temperatur sollte auch nachts möglichst nicht unter 18 °C absinken, am Tage sollte sie um mehrere Grade ansteigen. Hohe Luftfeuchte und ein absonniger Standort sind weitere Bedingungen für gutes Wachstum. Soll die Palme in Wohnräumen stehen, muß der Luftfeuchte in der Umgebung der Pflanze große Aufmerksamkeit geschenkt werden. Häufiges Einnebeln, stets feuchter Wurzelballen und der Stand über einer Wasserfläche oder in einer Pflanzeninsel sind wichtige Kulturvoraussetzungen. Am wohlsten fühlt sich *A. catechu* im feuchten Warmhaus.

Arecastrum

Die Gattung (sie wird nach neuen Erkenntnissen in Syagrus eingeschlossen) besteht nur aus einer Art, von der es verschiedene Varietäten gibt. Ihre zementgrauen Solitärstämme sind relativ glatt und unregelmäßig ringförmig genarbt. Bei älteren Palmen schwillt der Stamm meist in der Mitte bauchartig an und erreicht eine Höhe bis zu 25 m. Die Blätter setzen ohne Kronenschaft an und bilden einen lockeren, federig wirkenden Blattschopf. Die Fiederblätter können eine Länge von mehr als 5 m erreichen. Sie sind vom Stamm zunächst aufwärts gerichtet und hängen bogig über. Auch die zahlreichen Fiedern, die an der Mittelrippe unregelmäßig in Büscheln (bis zu fünf an einer Stelle) ansetzen, hängen von der Mitte ab stark nach unten, was der Palme einen typischen Habitus verleiht.

Vorkommen: Das Verbreitungsgebiet erstreckt sich von Brasilien, Paraguay und Uruguay bis Argentinien. Dort findet man sie in Wäldern, in der Nähe von Flußläufen und in anderen Gebieten mit ausreichender Bodenfeuchtigkeit. *Arecastrum* wächst schnell, ist anpassungsfähig und wird auch in subtropischen Gebieten gern zur Landschaftsgestaltung verwendet.

Arecastrum romanzoffianum

Die Art wird in der älteren Literatur auch als *Cocos plumosa, Cocos romanzoffiana* und *C. botryophora* geführt. Unter *Cocos australis* wird *Arecastrum romanzoffianum* var. *australe* verstanden. Die gelben bis orangefarbigen Früchte erreichen 25 mm Länge und sind eßbar.

Kultur: *A. romanzoffianum* ist eine besonders geeignete Art für die Heimkultur. Sie ist widerstandsfähig, stellt keine besonderen Bodenansprüche und ist in weiten Grenzen anpassungsfähig. Während des Sommers steht sie bei ausreichender Wasserversorgung gern in voller Sonne. Überwintert wird sie unter den Bedingungen des Lauwarmhauses, sie toleriert aber auch Temperaturen unter 10 °C.

Borassus

Bei dieser Gattung ist man sich wissenschaftlich nicht sicher, ob sie nur aus einer Art besteht oder in mehrere, nahe verwandte Arten untergliedert werden soll. *Borassus* wird mehr als 20 m hoch bei Stammdurchmessern bis zu 60 cm. Der Stamm ist an der Basis verdickt, in der Mitte manchmal angeschwollen und auf der ganzen Länge geringelt. Der dichte Blattschopf besteht aus vielen fächerförmigen, steifen, costapalmaten Blättern von blaugrüner bis graugrüner Farbe.
Vorkommen: Das Verbreitungsgebiet von *Borassus* reicht von Afrika über Madagaskar und die umliegenden Inselgruppen bis Indien, Sri Lanka, Südostasien, dem malaiischen Inselarchipel und Neuguinea. Die Palmen wachsen in trockenen, heißen Gebieten mit Monsunklima und bevorzugen keinen Bodentyp.

Borassus flabellifer

Die Art wird auch als Palmyra- oder Lontaropalme bezeichnet. Ihre vielen starren, radial nach außen gerichteten Blätter geben dem Blattschopf kugelförmiges Aussehen. Die Blätter sind fast kreisförmig aufgebaut, die Fächerstrahlen bis zu 50% eingerissen, und die Blattstiele an den Rändern gezahnt.

Kultur: Die Palmyrapalme ist eine interessante Erscheinung, aber selten in Heimkultur zu finden. Ihrem heimatlichen Klima gemäß hält man sie unter Warmhausbedingungen bzw. ähnlich wie *Brahea*. Als Substrat ist nahrhafter, wasserdurchlässiger Boden geeignet.

Brahea

Bei *Brahea* werden über 12 Arten unterschieden, inklusive derjenigen, die früher als separate Gattung *Erythea* angesehen wurden. Es handelt sich um Fächerpalmen mit kräftigem Stamm, die 15 m Höhe erreichen können. Bei jüngeren Palmen ist er lange Zeit mit den anhaftenden Blattbasen eingehüllt und erinnert an die Gattung *Trachycarpus*. Bei *Brahea* ist aber die Stammbasis sichtbar verdickt. Ohne Blattbasen (meist am unteren Stammteil) ist der Stamm geringelt. Die Blattkrone besteht aus mehr oder weniger dicht stehenden, derben, schwach costapalmaten, kreisrunden Blättern mit steifem Stiel. Bemerkenswert sind die langen, aus den Blattachseln herauswachsenden Blütenstände mit leuchtend gelben Blüten.
Vorkommen: Die Heimat von *Brahea* ist das Gebiet zwischen Südkalifornien bis Honduras und Guadeloupe. Man findet sie in trocken-heißen Gebieten, an Berghängen, Kalkfelsen, in Schluchten und an Flußläufen.

Brahea armata

Die Art trägt auch den Namen »Blaue Hesperidenpalme« wegen ihrer silbrig-blauen bis blaugrauen Blätter, die eine dünne Wachsschicht tragen. Die starren Fächerblätter sind bis zur Mitte eingerissen, in

***Brahea armata*, Abbildungen auf den Seiten 56 und 76**

Brahea armata **trägt auch den Namen »Blaue Hesperidenpalme« wegen ihrer silbrigblauen bis blaugrauen Blätter**

Brahea edulis, **Abbildung auf Seite 63**

gleicher Weise bis zur Spitze auch nochmals jeder Fächerstrahl. Der Blattstiel ist am Rand mit abwärts gerichteten Stacheln besetzt.

Brahea edulis

Sie unterscheidet sich von der vorigen Art durch geringere Wuchshöhe, einen schlankeren Stamm, vollständig oder fast unbewehrte Blattstiele, viel kürzere Blütenstände und hellgrüne Blätter. Die Beerenfrüchte sind eßbar.

Kultur: Trotz der warmen Herkunft vertragen *B. armata* und *B. edulis* Nachttemperaturen von 13 °C, verlangen aber volles Licht. Als Kultursubstrat eignet sich die Standardmischung, die luftdurchlässig und stets feucht sein muß. *Brahea* verträgt keine nassen Füße. *B. armata* läßt sich erfolgreich unter subtropischen Bedingungen auch im Freiland kultivieren.

Butia

Bei *Butia* gibt es Schwierigkeiten in der eindeutigen Abgrenzung der verschiedenen Arten, wenn keine Früchte zum Vergleich herangezogen werden. Sie hybridisieren leicht untereinander, gelegentlich auch mit den nahestehenden Gattungen *Arecastrum* bzw. *Syagrus*, was die Verwirrung erhöht. *Butia* bildet Einzelstämme, die lange Zeit in die Blattbasen der abgestorbenen Blätter gehüllt sind. In höherem Alter fallen sie ab und hinterlassen an einem zementgrauen Stamm ringförmige Narben. Die Pflanzen bilden keinen Kronenschaft, die lang zugespitzten Fiederblätter sind nach oben gerichtet und hängen ähnlich wie bei *Arecastrum* elegant bogenförmig über. Sie sind an der Mittelrippe unregelmäßig angeordnet, teilweise zu zweit oder dritt ansetzend.

Vorkommen: Brasilien ist die Heimat dieser Pflanze, sie ist auch in Paraguay, Uruguay und Nordargentinien zu finden. *Butia* gedeiht in Südbrasilien als Zierpflanze sogar in Arealen, wo im Mai leichte Fröste auftreten.

Butia capitata

Die Art ist reich an Formen. Der Stamm erreicht mehr als 5 m Höhe bei bis zu 50 cm Durchmesser, in Bodennähe ist er verstärkt. Die Blattstiele sind meist am Grund randseitig bedornt und in Bastfasern gehüllt. Auffällig ist die blaugrüne bis graugrüne Farbe der Fiedern. Die gelben bis roten Früchte haben ca. 4 cm Durchmesser. Aus ihrem aromatischen, saftigen Fleisch wird u.a. Gelee hergestellt, weshalb die Art auch den Namen Geleepalme erhielt.

Kultur: Diese in Form und Blattfarbe besonders auffällige Pflanze läßt sich unter Kalthausbedingungen überwintern und wird im Sommer an einen sonnigen Platz gestellt. Sie ist sehr widerstandsfähig, aber sie wächst langsam. Deshalb sollte man stets für gute Lebensbedingungen sorgen.

Caryota

Bezugnehmend auf die Form der Fiederblätter werden die *Caryota*-Arten, von denen 27 bekannt sind, allgemein als Fischschwanzpalmen bezeichnet. Sie sind mittelgroß bis groß, einzelstämmig oder schößlingsbildend. Alle Arten sind doppelt gefiedert, d.h. jede Seitenfieder ist nochmals fiederartig gegliedert. Der erste Blütenstand erscheint zwischen den oberen Blattbasen, nach mehreren Jahren der letzte in Erdbodennähe. Danach sterben die Bäume ab. Die Früchte sind kirschgroß, von roter bis brauner Farbe, und ihr Fruchtfleisch (besonders bei *C. mitis*) enthält Oxalatkristalle, die Hautreizungen hervorrufen. Das Außergewöhnliche sind die dreieck- oder keilförmigen Einzelfiedern, deren von der Fiederbasis ausgehende, gleichwertige Nerven an dem ungleichmäßig gezahnten, zerrissen wirkenden Rand der Fiederblättchen enden. Diese Besonderheit findet sich bei allen *Caryota*-Arten.

Vorkommen: Das natürliche Vorkommen der Gattung erstreckt sich auf die tropischen Gebiete des malaiischen Inselarchipels, Ostasien und Australien. In der Wahl des Standortes ist sie variabel. Die meisten Arten wachsen in tropischen Regenwäldern, andere an Berghängen bzw. -kämmen, in Gebieten mit jahreszeitlich auftretenden Regenzeiten oder in subtropischen Bergregionen. *Caryota* gehört zu den schnell wachsenden Gattungen.

Caryota mitis

Diese Art ist kleinwüchsiger als *C. urens*, aber sie bildet Adventivsprosse. Auf diese Weise entstehen Pflanzentümpel mit Durchmessern bis 1,5 m. Jeder Stamm kann 10 m Höhe und bis zu 15 cm Dicke erreichen. Die Wedelkronen wirken zusammen buschartig.

Caryota no (syn. *C. rumphiana)*

Die schönste aller *Caryota*-Arten ist die einzelstämmige *C. no* mit äquidistant geringtem, grauem Stamm. Die gleichmäßig aufgebauten, 5 m langen, hängenden Blätter bieten einen herrlichen Anblick.

Butia capitata

Caryota urens

Die Art trägt wegen der schleimhautreizenden Oxalatnadeln des Fruchtfleisches auch den Namen ostindische »Brennpalme«. Sie ist in ihrer Heimat prachtvolle Zierde und Nutzpflanze zugleich. Ihr Stamm, der in einen verlängerten Endschopf ohne Kronenschaft übergeht, erreicht bis zu 30 m Höhe. Die Blätter neigen sich bogig und erreichen eine Länge von ca. 5 m. *C. urens* ist einstämmig, kann also nur aus Samen vermehrt werden.

***Caryota urens* und *Caryota mitis*, Abbildung auf Seite 78**

Kultur: Alle *Caryota*-Arten sind, verglichen mit ihrer Herkunft, relativ widerstandsfähig und anpassungsfähig. So kann man sie z.B. unter den Bedingungen des Lauwarmhauses halten. Sie lieben

Caryota mitis, links

Caryota urens, auch »Ostindische Brennpalme« oder Kittulpalme genannt, rechts

viel licht, feuchten Wurzelballen, feuchte Luft, d.h. in Wohnräumen sollten sie täglich eingesprüht werden. Wenn die Nachttemperaturen nicht unter 16 °C fallen, kann man kräftige Pflanzen sogar an geschützter Stelle im Garten aufstellen. *C. mitis* ist durch Abtrennung bewurzelter Seitensprosse vermehrbar.

Chamaedorea

Die Gattung ist die artenreichste unter den Palmen. Sie schließt mehr als 130 Arten ein. Es handelt sich um schlanke, zierliche stachellose Fiederpalmen des untersten Stockwerks feucht-kühler Wälder. *Chamaedorea* ist zweihäusig. Die einstämmigen Arten erreichen einige Meter an Stammhöhe, die Ausläufer treibenden bilden Pflanzengruppen und bleiben niedriger. Auch klimmende Arten gibt es, z.B. *C. eliator.* Alle Arten sind schnellwachsend und haben bambusartige, glatte, grüne Stämme, die an den Ansatzstellen früherer Blätter helle Ringe aufweisen. Manche Arten bilden einen Kronenschaft aus. Die wenigen Blätter tragen elegant geschnittene, weiche Fiedern. Bei einigen Arten sind die Blätter ungeteilt, z.B. bei *C. ernesti augustii.*

Vorkommen: Die Heimat von *Chamaedorea* sind die kühlen Regionen der Regenwälder Mexikos, Mittel- und Südamerikas. Sie wurzeln im tiefen Schatten der Wälder in der Humusschicht des Bodens. Nur wenige Arten tolerieren Sonne.

Chamaedorea elegans

Diese einstämmige Art ist unter der Bezeichnung »mexikanische Bergpalme« die am weitesten verbreitete in der Raumkultur, begünstigt durch ihr geringes Lichtbedürfnis. Sie wird knapp 2 m hoch und bildet an der Basis Adventivwurzeln. Das dünne Stämmchen bleibt von den trockenen Blattbasen umschlossen und trägt höchstens 8 Blätter mit beiderseits 10 bis

Horst einer sonnenverträglichen Art von *Chamaedorea* (Abb. S. 79 unten)

12 Fiedern, deren Oberseite matt ist. Wenn die Palme 30 cm Höhe erreicht hat, beginnt sie zu blühen. *C. elegans* ist zum Abmoosen geeignet.

Chamaedorea seifrizii

Sie ist eine robuste, horstbildende Art, die 3 m Höhe erreichen kann. Die Stämme sind dunkelgrün mit auffälligen hellen Ringen. Der Blattschopf besteht nur aus wenigen gebogenen Blättern mit dichter Fiederung. Eine empfehlenswerte Art, die Ausläufer treibt und Sonne verträgt.

Kultur: *Chamaedorea elegans* hält man schattig und feucht bei Temperaturen zwischen 12 bis 20 °C. Im Winter darf sie kühler stehen. *C. seifrizii* dagegen entwikkelt sich gut im Halbschatten und toleriert Sonne. *C. ernesti-augustii* ist eine interessante Warmhauspflanze mit Adventivsproßbildung. Die Wurzelballen dürfen nie austrocknen. *Chamaedorea* ist anfällig für Rote Spinne.

Chamaerops

Die Gattung besteht nur aus einer Art und ist unter der Bezeichnung »Zwergpalme« bekannt. Sie bildet gewöhnlich Mehrfachstämme, die in ihrer Höhe sehr variieren. Bei wild wachsenden Pflanzen haben Einzelstämme schon ca. 6 m Höhe erreicht, aber in Kulturen erreichen sie kaum 3 m, manche bleiben stammlos. Der Blattschopf besteht aus derben, steif abstehenden Fächerblättern, deren Stiele meist mit scharfen Randstacheln bewehrt sind. Die Blattfiedern sind am Ende geschlitzt (zweispaltig). Der Blütenstand erscheint zwischen den Blattbasen und trägt männliche oder weibliche Blüten auf verschiedenen Pflanzen. Es gibt aber auch zwittrige Blüten sowie männliche und weibliche Blüten an derselben Pflanze. Die Früchte sind oval, ca. 2 cm lang, gelb, rot oder bräunlich gefärbt.

Chamaedorea elegans **(oben) ist die in der Zimmerkultur am häufigsten anzutreffende Palmenart**

Chrysalidocarpus lutescens

Vorkommen: *Chamaerops* ist in den Küstengebieten des Mittelmeeres natürlich verbreitet, wobei ihre Häufigkeit im westlichen Teil zunimmt.

Chamaerops humilis

***Chamaerops humilis*, Abbildungen auf den Seiten 15 und 48**

Von der europäischen Zwergpalme (lat. humilis = niedrig) gibt es eine Vielzahl von Varietäten und Formen. Sie unterscheiden sich in der Steifigkeit bzw. Größe der Blätter und Bewehrung, in der Farbe der Früchte usw. Vor allem treten bei den Blättern faszinierende Farbvariationen auf. Die Farben schwanken zwischen dunkelgrün, blaugrün, hellgrün, graugrün, grau oder silbrig bereift. *C. humilis* wird im südlichen Europa häufig im Freien kultiviert und bildet stellenweise undurchdringliche Dickichte. Die Art ist für Containerkultur bestens geeignet.

Kultur: In ihrer Heimat nimmt *C. humilis* mit den verschiedensten Böden vorlieb. Sie gedeiht sogar in Felsspalten oder Sandböden und übersteht Schneeschauer. Im Sommer stellt man getopfte Pflanzen so lange wie möglich ins Freie in die Sonne und düngt regelmäßig. Sie akzeptieren auch halbschattige Standorte; Luftbewegung und Regen tun ihnen gut. Man überwintert hell aber kühl. Warme Wohnzimmer sind ungeeignet. Je kälter *C. humilis* steht, desto vorsichtiger muß gegossen werden. Größere Pflanzen sind beliebte Dekorationen für Terrassen, Wintergärten, Sitzflächen in Gärten, Empfangshallen u. a.

Chrysalidocarpus

Die Gattung umfaßt über 20 einzel- oder mehrstämmige, schlanke Fiederpalmen, deren röhrenförmige Blattbasen bei einigen Spezies fast einen Kronenschaft bilden. Die in gleichmäßigen Abständen geringelten Stämme mancher Art erreichen bis zu 15 m Höhe. Alle Arten sind unbewehrt. Die charakteristisch gebogenen Blätter sind beiderseits der Mittelrippe eng gefiedert. Auch die spitz ausgezogenen Fiederblätter hängen am Ende bogig nach unten. *Chrysalidocarpus* trägt getrenntgeschlechtige Blüten an einer Pflanze.

Vorkommen: Sie ist eine tropische Palme und wächst in niederschlagsreichen Gebieten Madagaskars, den Comoren sowie auf Pemba und in Tansania. Ihre Anpassungsfähigkeit an kühlere Umgebung macht sie zu einer begehrten Containerpflanze.

Chrysalidocarpus lutescens

Sie ist eine schlanke, im Laufe von Jahren neue Stämme bildende Palme. Sofern die Jungpflanzen genügend Wurzeln haben, kann durch Abstechen vermehrt werden. Wenn *C. lutescens* genügend hell steht, bekommen die Mittelrippen der elegant gebogenen Blätter sowie die Blattstiele und Blattscheiden eine gelbe Farbe. Bei ausreichend Sonne erhalten auch die Fiedern einen goldenen Hauch. Diese Eigenschaft hat der Pflanze den allgemeinen Namen »Goldfruchtpalme« eingebracht. Da sie als Jungpflanze der Gattung *Areca* ähnelt, wird sie manchmal mit ihr verwechselt. Die ovalen Früchte von *C. lutescens* sind 10 bis 20 mm lang und gelb bis braun-violett gefärbt.

***Chrysalidocarpus lutescens*, Abbildung auf Seite 38**

Kultur: *C. lutescens* ist eine der elegantesten, schönsten und dankbarsten Palmen für warme Räume, Veranden oder Wintergärten. Raumtemperaturen zwischen 18 °C und 22 °C sind optimal. Zur Erhöhung der Luftfeuchte sollte man sie in grüne Inseln eingliedern und oft sprühen oder über eine Wasserfläche stellen. Es hat sich gezeigt, daß diese Art im Winter auch Nachttemperaturen von 13 °C schadfrei übersteht, allerdings wächst sie langsamer. Im Container kann sie 2 m Höhe erreichen. Für gute Entwicklung benötigt die Palme nahrhaften Boden, ausreichende Boden- sowie Luftfeuchte, in der Wachstumsphase regelmäßige Düngung.

Coccothrinax

Zur Gattung gehören 20 Arten schlankstämmiger Palmen mit dünnblättrigen, gespreizten Fächerblättern. Früher wurden sie der Gattung *Thrinax* zugerechnet. Alle Arten sind einzelstämmig und glatt oder von den anhaftenden Blattbasen der abgestorbenen Blätter sowie deren Bastfasern verdeckt. Die palmaten Blattspreiten sind oberseits glänzend grün, unterseits heller bis grau angehaucht, die Spitzen der Fächerstrahlen liegen annähernd auf einem Kreisbogen. *Coccothrinax* trägt Blütenstände mit bisexuellen Blüten, aus denen sich kleine, braune bis schwarze Früchte entwickeln. Die Samen sind arttypisch gefurcht, gezeichnet oder abgeflacht.

Vorkommen: Das Auftreten von *Coccothrinax* beschränkt sich auf Südflorida, die Westindischen Inseln und das nördliche Südamerika. Dort wächst sie in Wäldern, in Küstengebieten mit kalkhaltigem Boden und manchmal auf feuchtem Grund.

Coccothrinax crinita

***Coccothrinax crinita*, Abbildung auf Seite 82**

Diese Art ist eine sehr attraktive Erscheinung. Der schlanke Stamm erreicht 4 bis 8 m Höhe und trägt einen Blattschopf mit mehr als 15 leuchtend grünen Fächerblättern, deren Durchmesser bis 70 cm betragen kann. Die spitz ausgezogenen Strahlen sind zirkular angeordnet und fast bis zur Basis eingeschnitten. Das Auffälligste ist eine dichte, hellbraune, den Stamm einhüllende Haarmähne. Als Jungpflanze wächst *C. crinita* nur langsam.

Kultur: Sie kann nur aus frischem Samen herangezogen werden, der schon nach 2 bis 3 Monaten keimt. Jungpflanzen hält man warm und feucht, schützt sie aber vor Sonne. Als Substrat eignet sich eine Erdmischung, deren pH-Wert zwischen 7 und 8 liegt (z. B. ist bei der Standardmischung der Torfanteil durch Rasenerde auszutauschen und Düngekalk zuzusetzen). Der Topfballen darf nicht austrocknen und nicht im Wasser stehen. Am besten ist *C. crinita* unter Warmhausbedingungen zu halten.

Cocos

Die bekannte Kokospalme, *Cocos nucifera*, ist die einzige zur Gattung *Cocos* gehörende Art. Sie ist mit ihren geometrisch aufgebauten Fiederblättern eine der

Coccothrinax crinita fällt durch ihre dichte, hellbraune, den Stamm einhüllende Haarmähne auf

schönsten tropischen Palmen. *Cocos* ist einstämmig, nur gelegentlich wird Schößlingsbildung beobachtet. Ihr schlanker, grauer Stamm erreicht bis zu 30 m Höhe und ist in verschiedener Weise gebogen. Er trägt auf der ganzen Länge mondsichelförmige Narben, am oberen Ende auch Blattbasenreste.

Vorkommen: *Cocos* ist eine ausgesprochen tropische Pflanze. Sie wächst vorzugsweise unter gleichmäßig feuchtwarmen Bedingungen und steigt kaum über Meeresniveau auf. Man findet sie an allen tropischen Küsten, doch ihre Heimat ist bis heute nicht genau bekannt. Es wird angenommen, daß sie vom Westpazifik oder von den Inseln des Indischen Ozeans stammt.

Cocos nucifera

Die Kokospalme ist in erster Linie Nutzpflanze, von ihr geht aber auch eine hohe Zierwirkung aus. Die großen, lang und spitz ausgezogene Seitenfiedern tragenden Blätter werden ca. 6 m lang. Sie bilden einen Blattschopf mit bis zu 30 Blättern. Blätter und Blattstiel sind von einem gelblichen Grün. Die Blütenstände erscheinen aus den Blattachseln und tragen männliche und weibliche Blüten. Aus den letzteren entwickeln sich die Kokosfrüchte, welche nicht Nüsse, sondern botanisch gesehen Steinfrüchte sind.

Kultur: Die im Handel angebotenen Kokosjungpflanzen in kleinen Containern zeigen noch nicht die typische plisseeartige Fiederung, sind aber trotzdem hübsch anzusehen. Die wichtigsten Kulturbedingungen sind hohe, gleichmäßige Wärme (möglichst über 22 °C), hohe Luftfeuchte und Licht. Die Jungpflanze ernährt sich nahezu 3 Jahre lang vom Nährgewebe des Samens, deshalb darf dieser nicht entfernt werden. Am besten stellt man Kokospflanzen in ein Warmhaus, wo auch die Lichtverhältnisse am günstigsten sind. Häufig gehen jedoch junge Kokospflanzen

Obwohl *Cocos nucifera* in erster Linie eine Nutzpflanze ist, hat sie auch eine große Wirkung als Zierpflanze

wegen Lichtmangels und zu niedrigen Temperaturen nach gewisser Zeit ein.

Copernicia

Diese als Wachspalme bekannte Gattung erhielt ihren Namen wegen ihrer Eigenschaft der Wachsabsonderung auf den Blättern. Die Blätter sind gefächert und bilden einen dichten Blattschopf. Die verschiedenen Arten erreichen unterschiedlich hohe Solitärstämme, wenige Arten Mehrfachstämme. Vertrocknete, nach unten gerichtete Blätter umschließen oft den oberen Stammteil wie ein Rock. Die Länge der Blattstiele schwankt artgebunden, bei manchen (z. B. *C. rigida*) fehlt er völlig. Ränder und Stielbasis sind bestachelt. *Copernicia*-Arten haben derbe, schwach costapalmate Blätter, die etwa bis zur Hälfte in Segmente geteilt sind.

Vorkommen: Das Auftreten von *Copernicia* ist relativ eng begrenzt. Südamerika, Haiti und Kuba (hier findet man 25 endemische Arten auf eng begrenzten Territorien) sind die einzigen Verbreitungsgebiete. Die Palmen wachsen in Savannen wie Wäldern, manche Arten nur auf Serpentin- bzw. Silikatgesteinen. Sie stehen gewöhnlich relativ trocken und werden am Rande von Ufern oder Flußläufen gelegentlich überflutet.

Weitere Abbildungen von *Cocos nucifera* auf den Seiten 10, 51, 71

Copernicia prunifera

Die Art erreicht über 10 m Höhe, ihr Stamm ist schlank, grau und glatt, aber von den Narben der abgefallenen Blätter regelmäßig gezeichnet. Unterhalb der Blattkrone haften die abgestorbenen Blätter lange Zeit rockartig am Stamm. Infolge der Wachsablagerungen sehen die nahezu kreisförmigen Blätter bläulich bereift aus. Sie haben randseitig bedornte Stiele und spitze Blattstrahlen, die bis zu einem Drittel der steifen Blätter eingeschnitten sind. An den freien Rändern sind sie

Copernicia macroglossa, blühend

schwach gezahnt. Schöne Arten sind auch die niedrigstämmigen *C. ekmanii* (3 m Höhe) und *C. glabrescens* (4 m Höhe).

Kultur: Junge *Copernicia*-Arten sind attraktive Solitärpflanzen. Sie sind weniger anfällig gegen geringe Luftfeuchte und stellen keine besonderen Bodenansprüche. Der Wurzelballen sollte warm stehen und eine gute Drainage haben. Da die Pflanzen langsam wachsen, darf es während der Wachstumsphase nicht an Wasser und Dünger fehlen. Man kultiviert unter warmhausähnlichen Bedingungen. Die Pflanzen verlangen für gute Entwicklung viel Licht.

Howeia

Es sind nur zwei Arten der Gattung bekannt. Bereits seit der Jahrhundertwende haben sie die Wohnstuben erobert, denn sie sind ideale Zimmerpflanzen. Ältere Pflanzen haben grüne, glatte Stämme ohne Kronenschaft mit äquidistanten, hellen Ringen. Sie erreichen mehr als 12 m Höhe und tragen an glatten, im Querschnitt halbkreisförmigen Stielen lange, dichtstehende Fiedern. Wie das gesamte Blatt hängen auch die Fiedern, sie sind redupliziert angelegt, leicht nach unten. Die Pflanzen sind solitärstämmig und einhäusig mit differenzierten männlichen und weiblichen Blüten.

Vorkommen: Die Gattung kommt nur auf den Lord Howe Islands vor, wo sie im Jahre 1870 entdeckt und irrtümlich der Gattung *Kentia* zugeordnet wurde. 1877 erhielt sie von O. Beccari, einem italienischen Palmenkenner, den Gattungsnamen *Howeia*.

Howeia belmoreana

Sie unterscheidet sich von der vorigen Art durch zierlicheren Wuchs (sie wird nur 6 m hoch), eine verdickte Stammbasis, stärker gebogene Blätter, deren Spitzen nach unten gerichtet sind und etwa in Blattmitte aufwärts gerichtete Fiedern.

Kultur: Für beide Arten gelten gleiche Kulturbedingungen. Sie sind für Wohnräume wie geschaffen, denn sie haben einen großen Toleranzbereich in bezug auf Luftfeuchte, Temperatur und Licht. Als Substrat kann die empfohlene Standardmischung, aber auch Laub- und Rasenerde mit Sandzusatz verwendet werden. Jungpflanzen hält man bei ca. 20 °C, kräftige Exemplare vertragen Kalthausbedingungen, doch nicht den leichtesten Frost. Sie tolerieren Vollschatten und entwickeln sich in warmen Wohnräumen sogar bei einer relativen Luftfeuchte von nur 40% ohne Probleme. Große Exemplare vertragen auch Sonne. Die Pflanzen können viele Jahre im selben Behältnis stehen.

Howeia forsteriana

Die Art wird mehr als 15 m hoch, bei einem Stammdurchmesser von 12 bis

15 cm. Der aufsteigende Blattstiel trägt etwa waagerecht angeordnete Blätter, deren dicht aneinandergereihte Fiedern in gleichmäßigen Kurven nach unten gerichtet sind. Auf der Unterseite tragen die Fiedern in unregelmäßigen Abständen braune Wollschüppchen. Diese Art ist am häufigsten in Kultur anzutreffen.

Hyophorbe (syn. Mascarena)

Die Gattung umfaßt 5 Arten, die mit zu den eigenartigsten Fiederpalmen gehören. Alle sind gekennzeichnet durch bauchige Stämme, die bei einigen Arten (z. B. *H. amaricaulis*) gleichen Alters völlig uniform aussehen. Die ringförmig genarbten Stämme enden mit einem hellgrünen Kronenschaft, der nur wenige, stark gebogene Blätter trägt. Die Blütenstände tragen männliche und weibliche Blüten.
Vorkommen: Heimat der Gattung sind die Mascareneninseln. Dort wachsen sie in Wäldern und an Küsten auf vulkanischem oder Kalkboden. Leider sind sie vom Aussterben bedroht. Die Früchte von Hyophorbe dienten früher als Viehfutter.

Hyophorbe lagenicaulis

Der flaschenartige Stamm ist von grauer Farbe, trägt Ringnarben und erreicht etwa 6 m Höhe. An der dicksten Stelle mißt er 70 cm Durchmesser, am oberen Ende nur 10 bis 30 cm. Über dem blaßgrünen Kronenschaft stehen kaum mehr als 5 kurzgestielte, stark nach unten gebogene Blätter, die 1 bis 2 m Länge erreichen. Ihre graugrünen, spitz ausgezogenen Fiedern sind aufwärts gerichtet.

Hyophorbe verschaffeltii

Diese Art unterscheidet sich von der vorigen durch kleineren Wuchs. Sie erreicht bis 25 cm Stammdurchmesser, 5 m Höhe und ihre oberseits grünen Blätter werden höchstens 1,5 m lang, unterseits erscheinen die Fiedern mehr grau.

Kultur: Die Arten sind beliebte Sonderlinge für das Warmhaus, besonders als jüngere Pflanzen. Sie lieben Wärme, Licht und Feuchtigkeit sowie ein luftiges, nahrhaftes Substrat. Die Art *H. amaricaulis* ist am widerstandsfähigsten gegen Trockenheit.

***Howeia forsteriana* ist eine ideale Zimmerpflanze**

***Hyophorbe lagenicaulis*, Abbildung auf Seite 12**

Licuala

Die Gattung besteht aus mehr als 100 Arten meist kleinwüchsiger oder mittelgroßer Palmen der unteren Etage des tropischen Regenwaldes. Es sind Fächerpalmen mit ganz typischer Blattform. Sie bilden Solitär- oder Mehrfachstämme, die lange Zeit von den alten Blattbasen umschlossen bleiben. Schlanke, an den Rändern gezahnte Blattstiele tragen meist

Licuala grandis

schwach costapalmate Blattspreiten mit fast kreisförmigem Umfang. Manchmal sind sie ungeteilt, häufiger aber in keilförmige Segmente untergliedert, die am äußeren Rand wie abgeschnitten aussehen. Die Blüten von *Licuala* sind zwittrig.
Vorkommen: Heimat ist das tropische Asien von Ostindien über Südchina und der Malaiische Archipel bis Nordostaustralien. *Licuala* wächst in tropischen Regenwäldern, sie bevorzugt das Tiefland und feuchte bis sumpfige Gebiete.

Licuala grandis

Sie ist eine der schönsten Arten. Der von Blattbasenresten besäumte Solitärstamm erreicht 5 cm Durchmesser und 2 m Höhe. Die dichte Blattkrone trägt leuchtend grüne, gleichmäßig aufgebaute, fast ungeteilte, kreisförmige Fächerblätter mit schlanken Stielen, die an den Rändern gezahnt sind.

***Licuala paludosa*, Abbildung auf Seite 34**

Licuala paludosa

Die Art ist variabel in der Stammbildung. Neben Einzelstämmen findet man tümpelbildende mit Stammdurchmessern von 6 cm oder mehr. Die Ränder der Blattstiele tragen stammwärts gerichtete Stacheln, die palmaten Blätter sind in unregelmäßigen Abständen keilförmig geteilt und am Umfang gezahnt.

Kultur: Am besten gedeiht *Licuala* unter warmhausähnlichen Bedingungen im Schatten. *L. grandis* und andere großblättrigen Arten stellt man einige Zentimeter tief in das Wasser eines Untersatzes, damit der Wurzelballen stets ausreichend naß bleibt. Sie sind auch für Hydrokultur geeignet. Bei Verwendung in Wohnräumen achte man auf ausreichende Luftfeuchte. *Licuala*-Arten sind außergewöhnliche Erscheinungsformen und sehr dekorativ. Andere attraktive Arten sind *L. lauterbachii* (solitärstämmig, großblättrig) und *L. rumphii* (buschbildend).

Livistona

Man kennt mehr als 30 Arten. Es sind robuste Fächerpalmen, die mit nur einer Ausnahme Solitärstämme bilden. Sie sind unter dem Namen »Schirmpalmen« bekannt. Den mittleren bis hohen Stämmen haften teilweise die Blattbasen von der Basis bis zum Blattschopf an, manche Arten behalten sie nur unterhalb der Krone. Letztere besteht aus einer Vielzahl, an den Stielseiten bestachelter, costapalmater Blätter, die bis zur Hälfte oder mehr in einzelne Strahlen geteilt sind. An der Spitze sind sie zweispaltig, oft tragen sie lange Endfasern. Die Blüten sind in der Regel zwittrig, es gibt aber auch Pflanzen mit nur männlichen Blüten.
Vorkommen: Die meisten Arten sind in Australien beheimatet, die anderen im Malaiischen Archipel und Südostasien. Sie erscheinen in weit differenzierten Klimazonen. Manche Arten sind an hohe Re-

genfälle, andere an saisonale Trockenzeiten angepaßt. Die meisten lieben feuchten Boden und viel Licht, einige tolerieren Schatten. Die Arten *L. australis, L. decipiens, L. chinensis* und *L. saribus* ertragen sogar leichten Frost ohne Schäden. Das macht sie für Containerkultur in europäischem Klima besonders geeignet.

Livistona australis

Obwohl in den Regenwäldern Australiens beheimatet, ist *L. australis* die widerstandsfähigste Art. Ihr hoher Stamm bleibt lange Zeit von Blattbasen und Bast umgeben. Die Blätter sind glänzend grün, der Stiel besonders in Basisnähe bestachelt. Wenn die Blattstrahlen tief zweispaltig sind, hängen sie zusammen mit den Endfasern nach unten.

Livistona rotundifolia

Die Art ist als Jungpflanze besonders empfehlenswert wegen ihrer vollendet kreisrund geformten Blätter von dunkelgrüner Farbe. Das Blatt ist bis zur knappen Hälfte in Segmente geteilt, der Stiel mit Randstacheln bewehrt.

Kultur: Der erforderliche Temperaturbereich und die Behandlung ähnelt der von *Trachycarpus. Livistona* bildet starke Wurzeln und wächst um so besser, je wärmer sie steht. Eine *L. chinensis* erreicht bei temperiertem Klima im Alter von 100 Jahren nur eine Stammhöhe von 5 m, während sie an warmen Standorten ihre Wachstumsgeschwindigkeit vervielfacht. Jüngere Pflanzen sollte man unter den Bedingungen des Lauwarmhauses kultivieren. Im Sommer fühlen sie sich im Freien wohl.

Livistona rotundifolia ist als Jungpflanze besonders empfehlenswert

Einzelblatt von *Livistona chinensis*

Microcoelum

Zu dieser Gattung gehören zwei Arten zierlicher Fiederpalmen mit geringeltem Solitärstamm. Er erreicht 5 cm im Durchmesser und bis zu 3 m Höhe. Die Blattfiedern sind spitz ausgezogen und in dichter Folge beidseits der Mittelrippe angeordnet. Die Blütenstände tragen männliche und weibliche Blüten.

Vorkommen: Die Heimat der Gattung ist Brasilien. Sie wächst in feuchtwarmen Regenwäldern im unteren Stockwerk und benötigt viel Wasser.

Microcoelum weddelianum

Diese Art ist unter der Bezeichnung »Kokospälmchen« in den deutschen Sprachgebrauch eingegangen. Sie wurde früher

Weitere Abbildungen von *Phoenix*-Arten auf den Seiten 6, 13, 23, 31, 57, 60 und 62

zur Gattung *Cocos* gerechnet, nach neuester Ansicht gehört sie zur Gattung *Lytocaryum*. Die Pflanzen tragen weiche, dunkelgrüne, stark gebogene Fiederblätter mit weichen Fiedern. Sie sind an der Unterseite weißlich gefärbt, gleichmäßig beidseits der Mittelrippe angeordnet und leicht hängend. Das graue Stämmchen erreicht ca. 1,5 m Höhe.

Kultur: *Microcoelum* gehört zu den beliebtesten Zimmerpflanzen, ist aber nicht ganz problemlos in ihren Ansprüchen. Sie wächst am besten in warmer Umgebung und hoher Luftfeuchte. Es reicht erfahrungsgemäß nicht, sie nur feucht und in einen Untersatz mit Wasser zu stellen. Grundsätzlich soll sie absonnig stehen. Um die mangelnde Luftfeuchte anzuheben, sollte so oft wie möglich gesprüht werden. Als Pflanzsubstrat eignet sich lockere Walderde oder Torf, auch TKS, es darf etwas Komposterde (ca. 25%) beigemischt werden. Bei zu trockener Zimmerluft trocknen die Fiederspitzen ein. Steht die Palme nicht naß genug oder zu kalt, werden die Blätter gelb.

***Microcoelum weddelianum* entwickelt zierlich gefiederte Blätter**

Phoenix

Die Gattung (allgemein als Dattelpalme bezeichnet) besteht aus etwa 17 Arten, die untereinander hybridisieren, wenn sie zusammen kultiviert werden. *Phoenix* zählt zu den widerstandsfähigsten Fiederpalmen. Sie bilden Einzel- und Mehrfachstämme, denen die alten Blattbasen anhaften. Die Arten erreichen Höhen zwischen wenigen Metern bis zu 40 m. Im allgemeinen haben *Phoenix*-Arten dichte Blattkronen mit langen Blättern, an deren Blattstielen beidseitig harte, spitze Nadeln stehen. Die Pflanzen sind zweihäusig.
Vorkommen: Das Verbreitungsgebiet erstreckt sich von den Kanarischen Inseln über Nordafrika, Vorderindien und Sumatra bis Taiwan. *Phoenix canariensis* kommt nur auf den Kanarischen Inseln endemisch vor. Die meisten Arten sind in tropischen Monsungebieten beheimatet, die übrigen in unterschiedlichen Klimaten, aber alle lieben Sonne und feuchten Boden.

Phoenix canariensis

Sie ist eine der am meisten kultivierten Topfpflanzen. Unmittelbar nach der Keimung sind die ersten Blätter noch ungeteilt. Die Aufgliederung in Seitenfiedern erfolgt zunehmend mit jedem Folgeblatt. Die Fiedern sind indupliziert angelegt, die Blattspreiten graziös gebogen und bei älteren Pflanzen leicht gedreht. *P. canariensis* wird in allen subtropischen Gebieten als Zierpflanze angebaut.

Phoenix dactylifera

Diese Art ist die echte Dattelpalme, die eine lichtere Blattkrone mit höchstens 20 Blättern hat. Ihre Fiedern sind breiter als bei *P. canariensis*, hart und stechend. Man erkennt bereits aus größerem Abstand die echte Dattelpalme an der graugrünen Blattfärbung und dem wesentlich schlankeren Stamm.

Kultur: Als Substrat kann normale Gartenerde verwendet werden. Beide Arten stellt man im Sommer ins Freie und überwintert frostfrei. Eine sehr hübsche Art für Topfkultur ist *P. roebelenii*, eine Zwergdattelpalme, die einen dünnen Stamm von 1 m Länge entwickelt und humoses Substrat verlangt. Erforderliche Nachttemperatur für *P. roebelenii: ca. 14* °C.

Pritchardia

Von Pritchardia sind 38 Arten bekannt. Es sind prächtige Fächerpalmen mit costapalmaten, fast kreisrunden Blattspreiten sowie unbewehrten Blattstielen. Sie wurden früher zur Gattung *Washingtonia* gerechnet. Alle Arten haben glatte, geringte Solitärstämme, deren erreichbare Höhe artspezifisch schwankt. Die Blüten sind zwittrig.
Vorkommen: Die Gattung kommt nur auf einigen Inselgruppen des Pazifiks vor, die meisten auf den Hawaii-Inseln, andere auf den Fidschi- und Sandwich-Inseln. Sie wachsen in regnerischen Gebieten auf Böden vulkanischen Ursprungs.

Pritchardia pacifica

Die Art entwickelt großflächige, weniger tief eingeschnittene Blätter von leuchtend grüner Farbe. Der Stamm kann in der Natur 10 m Höhe und 25 cm Durchmesser erreichen. Der Blattgrund trägt auf der Rückseite einen weiß-flockigen Überzug. Die Früchte sind rund, schwarz und ca. 12 mm im Durchmesser.

Phoenix canariensis **mit Fruchtbündeln (oben) und als mehrjährige Topfpflanze (unten)**

Pritchardia pacifica

Kultur: *Pritchardia* ist eine Palme für das Lauwarmhaus. Sie verlangt höhere Luftfeuchte als *Washingtonia*, kann aber im Sommer auch ins Freie an eine windgeschützte, halbschattige Stelle gesetzt werden. Ebenso attraktiv ist *P. martii* von den Hawaii-Inseln. *Pritchardia*-Arten sind kälteempfindlich.

Weitere Abbildungen von *Rhapis*-Arten auf den Seiten 8 und 47

Rhapis

Von *Rhapis* gibt es 17 buschbildende Arten. Wegen ihrer rohrartigen Stämmchen werden Rhapisarten allgemein auch »Steckenpalmen« genannt. Alle Arten treiben Ausläufer, die wieder Stämme bilden. Sie sind umgeben von braunem Bast, der mit der Zeit ergraut. Die kleinen gefächerten Blätter sind fast bis zum Stielansatz weiträumig meist in gleichmäßig breite Segmente geteilt und an den Rändern leicht gezahnt. Die Arten sind zweihäusig. **Vorkommen:** Ihre Heimat ist Ostasien, von Thailand bis China. Sie sind Waldbewohner subtropischer und tropischer Gebiete mit reichen Niederschlägen.

Rhapis excelsa

Die Art kann mehrere hundert Stämme in einem Quartier bilden. Jeder Stamm erreicht bis zu 40 mm Durchmesser und wächst bis 5 m in die Höhe. Wenn sich das Bastgeflecht löst, kommen schwarze, dunkelbraun geringte, an Bambus erinnernde Stämmchen zum Vorschein. Die dunkelgrünen Blattspreiten erreichen etwa 30 cm Durchmesser. Die Art *R. humilis* unterscheidet sich von der vorigen durch schmale, elegant hängende und spitzere Fächerstrahlen.

Kultur: Die Arten (in den USA als Lady-Palmen bezeichnet) sind dankbare Pflanzen für kühle Räume und sollten im Sommer ins Freie gestellt werden. Volle Sonne bekommt ihnen nicht, ebenso Wassermangel. *Rhapis* wird durch Teilung vermehrt. Da die Pflanzen schnell wachsen, topft man in nährstoffreiche Erde ein.

Rhopalostylis

Es sind drei Arten dieser Fiederpalme bekannt. Sie sind schlankstämmig, an den ehemaligen Blattansätzen narbig geringt. Die Blattbasen der schräg nach oben gerichteten Blätter bilden einen gedrungenen, etwas bauchigen, grünen Kronenschaft. Auch die Fiederblätter zeigen leicht nach oben und vorn. An den Unterseiten der Mittelrippe und Fiedern haften braune Schüppchen. Die Pflanzen tragen männliche und weibliche Blüten an einem Blütenstand. Aus den weiblichen gehen kleine, rote Beerenfrüchte hervor. **Vorkommen:** Man findet sie auf den Inseln des Südpazifiks. Ihre natürliche Heimat sind Neuseeland, Norfolk und die Kermadec-Inseln. Sie lieben warm-temperiertes Klima und Feuchtigkeit.

***Rhopalostylis baueri*, Abbildung auf Seite 52**

Rhopalostylis baueri

In ihrer Heimat erreicht diese Art, auch als Nikan-Palme bekannt, mehr als 10 m

Höhe. Die Fiederblätter werden 3 m lang, die Fiedern ca. 4 cm breit. *R. sapida* ist *R. baueri* ähnlich, bleibt aber kleiner. Ihre Blätter erreichen wenig mehr als 1 m Länge. Die Mittelrippe ist leicht gedreht, die Fiedern sind an der Spitze zweispaltig.

Kultur: Beide Arten sind einfach zu kultivieren und eignen sich für Wohnräume, Wintergarten sowie Gewächshaus. Als Substrat hat sich die Standardmischung, der man noch 1 Teil Komposterde beimischt, bewährt. Am Tage sollten die Temperaturen über 20 °C, nachts bei ca. 16 °C liegen. Ältere Pflanzen vertragen auch Kalthausbedingungen. *Rhopalostylis* benötigt für gutes Wachstum Bodenfeuchte und Licht.

Roystonea

Zu dieser Gattung, die auch Königspalme genannt wird, rechnet man 16 Arten, die alle sehr groß und stattlich werden. Am Ende ihres weißgrauen Stammes, der in Abhängigkeit von den Umweltbedingungen auf seiner Länge Verjüngungs- bzw. Verstärkungszonen aufweist, bildet die Gattung einen kräftigen Kronenschaft (bis zu 2 m lang). Die dunkelgrünen gefiederten Blätter können 7 m Länge erreichen. Die Blütenstände tragen männliche und weibliche Blüten, die Früchte erreichen 1 bis 2 cm Durchmesser und sind dunkelbraun bis schwarz.
Vorkommen: Natürliches Verbreitungsgebiet ist das Areal von Süd-Florida über Südamerika und die Nordküste Südamerikas bis zu den Antillen. Die Palmen wachsen hauptsächlich im Regenwald, an feuchten Stellen, in der Nähe von Gewässern und bevorzugen tiefgründigen, nährstoffreichen Boden.

Roystonea regia

Sie ist die Palme Kubas. Ihr Stamm erreicht 40 m Höhe und bis 80 cm Durchmesser. Die Fiedern stehen in verschiedenen Winkeln von der Mittelrippe ab, wodurch der Blattschopf ein federiges Aussehen erhält.

Kultur: *Roystonea* ist eine typisch tropische Palme und nur im Warmhaus zu halten. Vor allem wünscht sie Wärme, viel Licht und hohe Luftfeuchte. Wenn die Palme in kräftiger Erde steht, die nie austrocknen darf, wird sie auch wachsen. Am zweckmäßigsten ist die eigene Anzucht aus Samen, der schon nach ca. 2 Monaten keimt.

Sabal

Zur Gattung gehören 25 Arten großblättriger Fächerpalmen. Mit Ausnahme von 2 Arten bilden sie hohe Solitärstämme aus, die mit Y-förmig stehenden Blattbasen besetzt, glatt oder mit Ringfurchen gezeichnet sein können. Die Blattkrone besteht aus zahlreichen, großen Blättern

Zwergform von *Rhapis humilis* als Topfpflanze

Sabal blackburniana

von dunkelgrüner, blaugrüner bis graugrüner Farbe. Alle Arten haben costapalmate Blätter mit unbewehrtem Stiel, und die an der Spitze zweigeteilten Fächerstrahlen schneiden das Blatt bis zur Hälfte ein. *Sabal* entwickelt vielverzweigte Blütenstände, deren Blüten zwittrig sind.
Vorkommen: *Sabal*-Arten sind im Süden der USA, Mexiko, Guatemala, Venezuela und auf den westindischen Inseln natürlich verbreitet. Sie sind sowohl in subtropischen als auch tropischen Gebieten zu finden und bevorzugen feuchte, sandige Standorte mit gelegentlichen Trockenperioden.

Sabal blackburniana (syn. S. umbraculifera)

Diese Art, deren genaue Heimat man nicht kennt, entwickelt großflächige, derbe, costapalmate Blätter von blaugraugrüner Farbe. Unterseits der Fächerstrahlen ist ein deutlich ausgeprägter Mittelnerv sichtbar. Auch *S. palmetto* ist eine schöne, solitärstämmige Art, die mit Nachttemperaturen von 12 °C auskommt. *S. blackburniana* benötigt mindestens 14 °C.

Kultur: *Sabal* gedeiht gut in nahrhaften Substraten, denen man etwas Sand beimischt. Da die Pflanzen im Jugendstadium nur langsam wachsen, sind ausreichende Wasserversorgung sowie große Pflanzgefäße erforderlich. *Sabal* bildet starke Wurzelballen. *Sabal minor* ist eine schöne, in der Regel stammlose Art, die sich für Containerkultur eignet. Man kultiviert unter den Bedingungen des Lauwarmhauses.

Trachycarpus

Innerhalb der Gattung sind 6 Arten unterschieden worden. Es handelt sich um solitärstämmige Fächerpalmen mit Stämmen, die jahrelang in den von Bast umwebten alten Blattbasen eingehüllt sind.

Im Alter können sie mehr als 10 m Höhe erreichen und tragen einen relativ klein bleibenden Blattschopf. Die Arten von *Trachycarpus* wachsen gut in kühlen Klimaten und sind beliebte Kübelpflanzen. Die Blüten sind getrenntgeschlechtig oder zwittrig, es gibt auch rein männliche und weibliche Pflanzen.
Vorkommen: *Trachycarpus* kommt im westlichen Himalaja, China und Japan vor. Sie wächst dort in Bergwäldern, wo es gelegentlich schneit und stellt keine besonderen Bodenansprüche.

Abbildungen verschiedener *Trachycarpus*-Arten auf den Seiten 18, 43 und 58

Trachycarpus fortunei

Sie wird auch chinesische Hanfpalme genannt und ist eine in Europa sehr beliebte und häufig kultivierte Art. Ihr oberseits glänzendes Blatt erreicht bis 90 cm Durchmesser, die Segmente sind meistens bis zum Stielansatz eingeschnitten und an den Spitzen kurz zweispaltig. Der Stiel ist an den Rändern leicht zahnig.

Trachycarpus wagnerianus

Diese sehr attraktive Art hat kürzere Blattstiele und kleinere Blätter. Die Blattstrahlen sind an den Seiten kürzer als in der Mitte und an den Spitzen mit einem weißen Flaum besäumt.

Kultur: Jungpflanzen eignen sich für Dekorationszwecke in Räumen, müssen aber im Winter kühler oder unter Kalthausbedingungen gehalten werden. Im Sommer steht *Trachycarpus* am besten im Freien. Als Substrat eignet sich normale Gartenerde.

Wissenswertes zum Aufenthalt von *Trachycarpus* im Freien auch auf den Seiten 57, 58, 59, 61, 62 und 63

Veitchia

Die Gattung schließt mehr als 18 Arten ein. Sie bilden schlanke, deutlich geringte Solitärstämme von 6 m bis über 30 m Höhe, die mit einem Kronenschaft und einem Schopf wohlgeformter Fiederblätter abschließen. Sie sind unbewehrt, haben kurze Blattstiele und breite, spitz auslaufende oder schief abgeschnitten wirkende Fiedern. Infolge der nicht immer gleichmäßig hängenden Fiedern wirken manche Arten ein wenig struppig, aber dennoch sehr elegant. An einem Blütenstand stehen männliche und weibliche Blüten.
Vorkommen: Sie kommen auf den Philippinen, Neuen Hebriden, Neu Kaledonien und den Fidschi-Inseln vor. Dort findet man sie in den Gebieten des tropischen Regenwaldes.

Veitchia merrillii

***Veitchia merillii*, Abbildung auf Seite 17**

Die Art erreicht Höhen von ca. 5 m. Ihr furchenartig geringelter Stamm ist grau und an der Basis typisch verstärkt. Auch die Blattkrone unterscheidet sich von anderen Arten. In der Nähe des Blattansatzes wirkt sie sehr kompakt. Die Blätter sind so stark gebogen, daß die Mittelrippen der untersten fast den Stamm berühren. Der Kronenschaft ist mit einem hellen, wischfesten Schuppenbelag überzogen. Die breiten, eng aneinandergereihten Fiedern erscheinen an der Spitze schief abgeschnitten.

Kultur: Wenn sie unter den Bedingungen des heimatlichen Klimas kultiviert wird, wächst *Veitchia* relativ schnell. Sie entwickelt sich in Containern gut in kräftigem humosem Boden und sollte im Warmhaus gehalten werden. Starke Exemplare können im Sommer auch in hellen, verglasten Räumen, Wintergärten, Veranden usw. stehen, wenn die Nachttemperatur nicht unter 16 °C fällt.

Washingtonia

Die Gattung umfaßt zwei Arten gefächerter Palmen, die im Erscheinungsbild an *Pritchardia* erinnern, der sie bis 1879 als Untergattung angehörten. *Washingtonia*

entwickelt robuste, an der Basis geschwollene Solitärstämme, die sehr hoch werden. Unterhalb des Blattschopfes umgeben die vertrockneten Blätter den Stamm wie ein langer Rock, bis sie der Sturm abreißt. Ohne Blattbasen ist der Stamm rauh, konzentrisch geringt und von grauer Farbe. Die costapalmaten Blätter werden von den Blattstrahlen bis zur Hälfte eingeschnitten, und von den Kanten hängen weiße Fäden herab. Die Blüten sind zwittrig, die Früchte braun bis schwarz.
Vorkommen: Die natürliche Heimat ist Nordwest-Mexiko und der Südwesten der USA. Man findet sie zusammen mit anderer Vegetation in der Landschaft, in Tälern, in der Nähe von Gewässern, aber auch in trockenen Gebieten.

Washingtonia filifera

Sie erreicht über 20 m Höhe bei Stammdurchmessern von 1 m. Der Blattstiel der grünen bis graugrünen Blätter ist teilweise sehr dornig, und die Segmente sind an der Spitze geschlitzt. Zwischen den Segmenten hängen auffällig lange, weiße, teilweise gekräuselte Fäden. Die Früchte sind oval, ca. 6 mm lang und schwarzbraun.

Washingtonia robusta

Im Gegensatz zur oberen Art erreicht der an der Basis elefantenfußartig verdickte Stamm nur 25 cm Durchmesser. Ohne Blattbasen ist er rauh und von graubrauner Farbe. Jungpflanzen sind an den Blattstielrändern vollständig bestachelt. Die Stiele bekommen im oberen Teil eine rotbraune Tönung. Die Fäden zwischen den Blattsegmenten nehmen mit zunehmendem Alter ab, ebenso die Bewehrung der Blattstiele.

Kultur: Washingtonien sind beliebte Dekorationspflanzen und eignen sich gut für Topf- und Containerkultur. Als typische Kalthauspflanzen dürfen sie im Winter nicht zu warm und dunkel stehen. Da die Pflanzen viel Wurzelmasse bilden, verlangen sie schneller als andere Gattungen nach einem größeren Gefäß. Man pflanze um, wenn es notwendig wird, in nahrhafte Rasen- oder Komposterde.

Washingtonia robusta

Verzeichnis der beschriebenen Gattungen und Arten

Aus Platzgründen sind nur die wichtigsten Seitenangaben genannt.

Empfehlenswerte Palmen-sammlungen

Sehenswerte Palmenhäuser

in Deutschland

Palmengarten Frankfurt/Main
Botanischer Garten Berlin
Städtische Gewächshäuser Magdeburg

in England

Royal Botanic Gardens, Kew (London)

Es gibt auf der Welt nicht sehr viele öffentliche Palmengärten mit einer repräsentativen Zahl an Gattungen und Arten. Zu den bemerkenswerten Sammlungen gehören

in den USA

Fairchild Tropical Gardens, Miami/Florida (größte Palmensammlung der USA)
Huntington Botanical Gardens, San Marino, Kalifornien

auf Java

Bogor Botanic Gardens (Kebun Raya), Jakarta

in Singapur

Botanic Gardens, Singapore

auf Sri Lanka

Peradineya Botanic Gardens

in Australien

Royal Botanic Gardens, Sydney
Botanic Gardens Cairns
Botanic Gardens Rockhampton (Queensland)
Botanic Gardens Darwin (Nordaustralien)

in Brasilien

Botanischer Garten Rio de Janeiro

auf Jamaica

Hope Botanic Garden, Kingston

in Indien

National Botanic Gardens, Howrah (bei Kalkutta)

Bildquellen

Fotos:
Helmut Bechtel, Heimbach: S. 10
Irene Lehmann, Kippenheim: S. 7, 58, 72
Eberhard Morell, Dreieich: Titelbild, S. 2, 6, 8, 12, 13, 21, 26, 38, 47, 48, 52, 57, 62, 71, 76, 78, 79, 80, 82, 83, 84, 85, 86, 87 (2), 88, 92, 94
Sebastian Seidl, München: S. 18, 33, 43, 51, 89, 91

Alle anderen Fotos stammen vom Autor, *Licuala paludosa* und *Verschaffeltia splendida* wurden in den Royal Botanical Gardens, Kew (London) fotografiert.

Zeichnungen:
Jürgen Scholz, Dresden, nach Vorlagen vom Autor

Wer mehr über Palmen wissen möchte, dem können die Bücher
Palms Of The World
(Blomberry & Rodd)
ANGUS & ROBERTSON PUBLISHERS 1988
bzw.
Genera Palmarum
(Uhl/Dransfield)
Allan Press 1987
empfohlen werden.